SingLiesel

Satz und Gestaltung: Martin Janz, Freiburg i.Br.
Umschlag: Röser MEDIA GmbH & Co. KG, Karlsruhe
Druck: FINIDR, Czech Republic

ISBN 978-3-944360-94-2

www.singliesel.de

Bildnachweise: shutterstock.com; S. 12, 25, 32, 47, 51, 53, 79, 80, 83, 89, 92, 113, 115, 116, 118, 124, 130, 147 © Natali Mallek und Annika Schneider

Alle Aktivierungsangebote in diesem Buch sind aus der Praxis entstanden und vielfach erprobt. Bitte vergessen Sie nicht, dass jeder Mensch seine spezielle Tagesform und seine einzigartige Biografie mitbringt, die Sie berücksichtigen müssen. Nicht jede Übung oder jedes Spiel passt für jeden. Die Autorinnen und der Verlag haften nicht für etwaige Personen- oder Sachschäden.

Natali Mallek | Annika Schneider

Das große Praxisbuch

Feste und Bräuche im Jahresverlauf

Mit vielen praktischen Tipps
und Anregungen

SingLiesel

Inhalt

Einleitung

Feste, Brauchtum und Feiertage zu gestalten, ist ein wundervolles Mittel gegen Eintönigkeit und Alltagstrott. Erwecken Sie Bräuche aus der Vergangenheit zum Leben und durchbrechen Sie die Monotonie. Feiern und Feste können Lichtblicke sein, Tristes vertreiben sowie Kraft und Zuversicht schenken.

Dieses Buch enthält Informatives zu Bräuchen und konkrete Umsetzungsvorschläge für Feste und Feiern in heutigen Settings der Altenhilfe. Nutzen Sie Feste und Feiern, um Begegnungen zu schaffen. Nehmen Sie dabei die Gemeinsamkeiten unterschiedlicher Zielgruppen in den Fokus. Weil Vorfreude die schönste Freude ist, gehört es selbstverständlich dazu, die Seniorinnen und Senioren in die Festvorbereitung und Durchführung einzubeziehen.

Warum eigentlich?

Feste, Feiern und Bräuche gehören zu unserem Leben und sind die Eckpfeiler unserer Kultur. Die Bräuche, mit denen wir aufwachsen, geben uns Sicherheit und Halt, werden ein Teil unserer Biografie, werden ein Teil unserer Geschichte und damit auch ein Teil unserer Identität. Es sind kleine und große Rituale, die den Ablauf des Jahres, den Ablauf des Lebens für uns greifbarer machen und das große, überwältigende Leben mit vertrauten Inhalten füllen.

Jeder kennt Bräuche ein bisschen anders

Bräuche und Traditionen unterscheiden sich nicht nur von Land zu Land, von Region zu Region, von Ort zu Ort, sondern auch von Familie zu Familie und von Nachbar zu Nachbar. Während bei der einen Familie zum Beispiel ein festliches Menü fester Bestandteil des Heiligen Abend ist, freuen sich in einer anderen Familie alle auf Opas leckeren Kartoffelsalat und die dazu gereichten Würstchen; das festlichere Menü ist bei ihnen eher für die beiden folgenden Weihnachtsfeiertage reserviert.

Trotzdem gibt es an Feiertagen meist viele Merkmale, die sich ähneln, und in einer anderen Umgebung werden Abwandlungen des Bekannten eher akzeptiert als im gewohnten Umfeld zu Hause.

Wie finde ich heraus, was den Menschen wichtig ist?

Wenn Sie auf die Menschen, mit denen Sie feiern, besonders eingehen oder alte Bräuche aufleben lassen möchten, lohnt es sich, etwas über die individuellen Erfahrungen Ihrer Zielgruppe herauszufinden. Lassen Sie einfach ein paar biografische Fragen über das herannahende Fest und die praktizierten Bräuche in vorher stattfindende Gespräche oder Erzählrunden einfließen.

Damit Sie Anhaltspunkte dafür finden, was für die Teilnehmenden in Bezug auf das jeweilige Fest relevant sein könnte, haben wir zu jedem Fest oder Brauch ein paar Satzanfänge geschrieben. Sie können die Satzanfänge nutzen, um Fragen zu formulieren, oder sie direkt von den Seniorinnen und Senioren ergänzen lassen.

Es wird immer wieder passieren, dass Sie auf Personen treffen, die überhaupt keinen Bezug zu bestimmten Bräuchen oder Festen haben. Vielleicht gibt es trotzdem Aspekte des eigenen Lebens, die mit Aspekten des Festes harmonieren. Zum Beispiel: Auch ein Mensch, der keinen Bezug zum Valentinstag hat, hat wahrscheinlich Erfahrungen in dem weiten Feld von Liebe und Beziehungen gesammelt. Selbst Feste wie Halloween, zu denen es im deutschen Sprachraum kaum biografische Bezugspunkte bei älteren Menschen gibt, kann man, wenn man möchte, getrost aufgreifen. Die Seniorinnen und Senioren haben wahrscheinlich als Kinder keine Kürbisse geschnitzt – aber vielleicht „Rübengeister". Und womöglich gab es Bräuche, bei denen auch sie von Tür zu Tür gegangen sind und Süßigkeiten gesammelt haben. Gab es Anlässe, zu denen sie sich verkleidet haben? Haben die Teilnehmenden vielleicht auch mal jemanden erschreckt oder Gruselgeschichten gelauscht und selbst erzählt? Und schließlich: Haben sie Halloween-Feste bei ihren Kindern und Enkeln miterlebt?

Grundsätzliche Elemente von Festen und Feiern

Es gibt verschiedene Elemente, die zu Festen und Feiern dazugehören. Die wichtigsten Punkte sind:

- Dekoration
- Speisen und Getränke
- Programm

Wenn man sich an einem bestimmten Anlass orientiert oder ein Thema wählt, kommen einem schnell Ideen, wie man die Punkte für das Fest ausgestalten kann. Das Buch liefert viele Anregungen, die, ergänzt mit den eigenen Einfällen, einen gelungenen Rahmen für ein schönes Fest ermöglichen.

Was ändert sich bei der Durchführung von Festen, Feiern und Bräuchen bei Pflegebedürftigkeit?

Wenn Sie eine Veranstaltung planen, an der Menschen mit Pflegebedarf teilnehmen, gibt es einige Aspekte, die Sie besonders berücksichtigen sollten.

Veranstaltungsort. Kalkulieren Sie vorher, wie viele Menschen teilnehmen werden. Achten Sie auf Barrierefreiheit und auf genügend Platz für Rollstühle. Viele Seniorinnen und Senioren benutzen einen Rollator. Bedenken Sie, dass es dafür Platz zum Abstellen geben muss.

Vorbereitung. Wenn pflegebedürftige Menschen an einer Veranstaltung teilnehmen, muss bedacht werden, wie diese Menschen im Vorfeld begleitet werden. Brauchen sie Hilfe beim Einkleiden und Zurechtmachen, brauchen sie Hilfe bei der Mobilisation? Informieren Sie Angehörige oder Pflegende über die Veranstaltung, um sicherzustellen, dass die Menschen im Vorfeld versorgt werden und den Veranstaltungsort erreichen können.

Zeitliche Planung. Berücksichtigen Sie bei der Programmplanung die Konzentrationsfähigkeit der Teilnehmenden. Zu welcher Tageszeit ist die Zielgruppe am fittesten? Welcher Zeitpunkt passt am besten zu den üblichen Tagesroutinen?

Pflegebedarf. Bedenken Sie, dass es sein kann, dass Menschen auch während der Veranstaltung auf Pflege angewiesen sind, zum Beispiel auf Hilfe bei Toilettengängen oder bei der Nahrungsaufnahme. Stellen Sie sicher, dass sie hierfür Unterstützung haben.

Besondere Bedürfnisse. Achten Sie auf besondere Bedürfnisse einzelner Personen: Vielleicht benötigt jemand Nahrung in Form von Fingerfood oder pürierter Kost? Stimmen Sie Nahrungsmittel, Getränke, Aktivitäten und Unterhaltung auf individuelle Bedürfnisse ab.

✷ **WICHTIG:** Wenn Sie Getränke und Speisen anbieten, berücksichtigen Sie bitte bei den Teilnehmenden mögliche Schluckstörungen, die Wirkung eingenommener Medikamente, Krankheiten, Allergien und Unverträglichkeiten. Bedenken Sie bei der Planung Ihres Programms auch immer, dass manche Menschen kleine Teile in den Mund stecken könnten und dass auch bei Dingen, die die Haut berühren oder die zum Riechen angeboten werden, bei einzelnen Personen Gründe gegen einen solchen Programmpunkt sprechen können. Auch bei allen Angeboten, in die Bewegung integriert ist, müssen Sie auf Einschränkungen bei den Teilnehmenden achten – leiten Sie nur Bewegungen an, bei denen Sie sicher sind, dass sie keine Verletzungen oder andere Schäden verursachen können. Sprechen Sie sich grundsätzlich immer vorab mit Pflegenden und behandelnden Ärztinnen oder Ärzten ab, und passen Sie Ihr Angebot an.

Manchmal ist weniger mehr

Große Feste mit langer Planung, aufwendigen Kostümen, herausragenden Programmpunkten und extravaganter Dekoration: Solche Feste können lange in Erinnerung bleiben und eine Bereicherung für die Beteiligten sein.

Bei der Planung sollte man jedoch bedenken, dass Menschen unterschiedlich sind und die Bedingungen, unter denen sie sich wohlfühlen, auch. Fast jeder kennt es, auf einem großen Fest zu sein und sich dort nicht wohlzufühlen. Eine kleine Runde mit einer schön gedeckten

Kaffeetafel ist manchmal schon ausreichend Programm. Es gibt gute Gründe für große Feste und genauso gute Gründe für kleine Feste.

Wie dieses Buch aufgebaut ist

Wir haben zu den in Deutschland bekanntesten Festen und Feiertagen Ideen für die Arbeit mit Seniorinnen und Senioren zusammengestellt. Manche der Ideen lassen sich gut im Rahmen der Vorbereitung eines Festes umsetzen, manche dienen dazu, Bräuche auch für Menschen mit Einschränkungen erlebbar zu machen, andere sind als Bausteine für ein Festprogramm geeignet. Lassen Sie sich inspirieren.

Wir wünschen Ihnen viel Spaß beim Planen und Feiern und bei dem Lebendighalten von Bräuchen.

1. Januar
Neujahrsfest

Zum Einstieg

- Wenn ich über Neujahrskonzerte nachdenke, fällt mir ein …
- Als Glücksbringer zum neuen Jahr gab es bei uns …
- Mir bedeutet ein Neujahrsgottesdienst …
- Der wichtigste Wunsch für ein neues Jahr ist …

Schon gewusst?

Die Silvestertraditionen und die Traditionen des Neujahrsfestes verschmelzen miteinander. Glück für das neue Jahr, gute Vorsätze und gute Wünsche stehen im Mittelpunkt. Gerne werden kleine Blumentöpfe mit vierblättrigem Klee verschenkt, häufig dekoriert mit kleinen Glückspilz- oder Schornsteinfeger-Figuren. Auch weitere Glücksbringer wie Hufeisen aus Schokolade oder Schweinchen aus Marzipan stehen hoch im Kurs.

Das Neujahrskonzert der Wiener Philharmoniker, das immer am 1. Januar live im Fernsehen übertragen wird, steht in vielen Familien und gerade auch bei älteren Menschen fest auf der Tagesordnung. Die heiteren Melodien versprechen einen schwungvollen Jahresbeginn.

Neujahrsfeiern werden nicht immer nur am ersten Tag des neuen Jahres gefeiert. Neujahrsfeiern von Vereinen und anderen Institutionen finden beispielsweise häufig auch ein wenig später statt.

Dekoration

Tischdekoration

Am Neujahrstag ist meist die Silvesterdekoration noch vorhanden, und auch der weihnachtliche Schmuck wird traditionell erst etwas später entfernt, oft am Tag der Heiligen Drei Könige oder an dem darauffolgenden Sonntag. Aus diesem Grund schlagen wir vor, für die Neujahrsfeier Sterne aus goldenem Tonkarton oder aus goldenem Glitzerpapier auszuschneiden und damit die Tischmitte zu dekorieren. Dies zaubert eine heitere Atmosphäre auf den Tisch oder die Tische, und die Sterne können hinterher auch noch für den Wunschbaum (s.u.) verwendet werden.

Kopiervorlage S. 156

Material

- Kopiervorlage: Sternen-Schablone
- goldenes Ton- oder Glitzerpapier
- Bleistifte
- Scheren

So wird's gemacht

1. Sternen-Schablone kopieren und ausschneiden.
2. Mit Schablone und Bleistift die Sternen-Form mehrfach auf das Tonpapier übertragen. Anschließend die Sterne ausschneiden.

✷ Je nach den individuellen Fähigkeiten können die Mitmachenden diese Aufgaben zum Teil oder vollständig selbst übernehmen.

Wunschbaum

Hier wird die Sternen-Tischdekoration gleich weiterverwendet für ein schönes Mobile mit Neujahrswünschen.

Material

- Sterne aus Tonpapier
- Stifte
- Locher
- Band
- ein paar Zweige in einer großen Vase
- Schere

So wird's gemacht

1. Jede Person nimmt sich einen oder mehrere Sterne aus der Tischmitte und schreibt einen Neujahrswunsch darauf. Teilnehmende, die nicht mehr selbstständig schreiben können, erhalten die notwendige Unterstützung.
2. In jeden Stern wird mit dem Locher an einer Stelle ein Loch gestanzt.
3. Durch das Loch wird ein Band gezogen, an dem der Stern dann an einen Zweig gehängt werden kann.

Das neue Jahr mit Bewegung begrüßen

Programm

Das neue Jahr hat begonnen. Lesen Sie den folgenden Text vor und laden Sie die Teilnehmenden ein, ein paar Bewegungen mitzumachen und so das neue Jahr zu begrüßen.

Liebes neues Jahr,

- du bist da und wir winken dir freudig zu **(mit der linken Hand winken)**,
- natürlich auch mit der rechten Hand **(mit der rechten Hand winken)**.
- Wir zeigen dir unseren Respekt und verbeugen uns vor dir **(mit dem Oberkörper eine Verbeugung andeuten)**.
- Wir geben dir die Hand **(einem fiktiven Gegenüber die Hand schütteln)**
- und schütteln natürlich auch die andere **(fiktiv die andere Hand schütteln)**.

- Wir heben die eine Hand und „geben dir fünf" **(einem fiktiven Gegenüber „fünf geben")**
- und machen es genauso mit der anderen Hand **(mit der anderen Hand fiktiv „fünf geben")**.
- Wenn du möchtest, schlagen wir auch mit beiden Händen ein **(fiktiv mit beiden Händen einschlagen)**.
- Wir schicken dir ein Luftküsschen **(Luftküsschen schicken)**
- und schließen dich in die Arme wie einen alten Freund **(sich selbst umarmen)**.

Und nachdem wir dich so herzlich willkommen geheißen haben, erwarten wir von dir, dass du recht freundlich zu uns bist. Dann können wir uns am 31. Dezember genauso herzlich und mit ein bisschen Wehmut von dir verabschieden.

Neujahrskonzert

Wenn ein richtiges Neujahrskonzert mit einigen Musikerinnen und Musikern organisiert werden kann, ist das natürlich eine wundervolle Sache. Doch auch wenn das nicht möglich ist, können Sie die Feiernden dazu einladen, bei einem Musikstück abzutauchen und in Gedanken zu schwelgen. Bei dem Neujahrskonzert der Wiener Philharmoniker, das seit Jahrzehnten ein großes Fernsehpublikum begeistert, wird traditionell auf Werke aus der Strauss-Dynastie zurückgegriffen. Ein Stück, das Sie zum Beispiel vorspielen könnten, wäre „An der schönen blauen Donau" von Johann Strauss, auch bekannt als der „Donauwalzer".

Zusammen singen

Lieder, die oft in christlichen Neujahrsgottesdiensten gesungen werden, sind vielen Seniorinnen und Senioren bekannt. Dazu gehören zum Beispiel die Lieder „Von guten Mächten wunderbar geborgen" oder „Nun lasst uns gehn und treten". Sie bieten sich daher zum gemeinsamen Singen auf einer Neujahrsfeier an.

Von guten Mächten wunderbar geborgen

Dietrich Bonhoeffer (1906–1945)

1. Von guten Mächten treu und still umgeben,
behütet und getröstet wunderbar,
so will ich diese Tage mit euch leben
und mit euch gehen in ein neues Jahr.

2. Noch will das alte unsre Herzen quälen,
noch drückt uns böser Tage schwere Last.
Ach Herr, gib unsern aufgeschreckten Seelen
das Heil, für das du uns geschaffen hast.

3. Und reichst du uns den schweren Kelch, den bittern
des Leids, gefüllt bis an den höchsten Rand,
so nehmen wir ihn dankbar ohne Zittern
aus deiner guten und geliebten Hand.

4. Doch willst du uns noch einmal Freude schenken
an dieser Welt und ihrer Sonne Glanz,
dann wolln wir des Vergangenen gedenken,
und dann gehört dir unser Leben ganz.

5. Lass warm und hell die Kerzen heute flammen,
die du in unsre Dunkelheit gebracht,
führ, wenn es sein kann, wieder uns zusammen.
Wir wissen es, dein Licht scheint in der Nacht.

6. Wenn sich die Stille nun tief um uns breitet,
so lass uns hören jenen vollen Klang
der Welt, die unsichtbar sich um uns weitet,
all deiner Kinder hohen Lobgesang.

7. Von guten Mächten wunderbar geborgen,
erwarten wir getrost, was kommen mag.
Gott ist bei uns am Abend und am Morgen
und ganz gewiss an jedem neuen Tag.

Nun lasst uns gehn und treten

Paul Gerhardt (1607–1676)

1. Nun lasst uns gehn und treten
mit Singen und mit Beten
zum Herrn, der unserm Leben
bis hierher Kraft gegeben.

2. Wir gehn dahin und wandern
von einem Jahr zum andern,
wir leben und gedeihen
vom alten bis zum neuen

3. durch so viel Angst und Plagen,
durch Zittern und durch Zagen,
durch Krieg und große Schrecken,
die alle Welt bedecken.

4. Denn wie von treuen Müttern
in schweren Ungewittern
die Kindlein hier auf Erden
mit Fleiß bewahret werden,

5. also auch und nicht minder
lässt Gott uns, seine Kinder,
wenn Not und Trübsal blitzen,
in seinem Schoße sitzen.

6. Ach, Hüter unsres Lebens,
fürwahr, es ist vergebens
mit unserm Tun und Machen,
wo nicht dein' Augen wachen.

7. Gelobt sei deine Treue,
die alle Morgen neue;
Lob sei den starken Händen,
die alles Herzleid wenden.

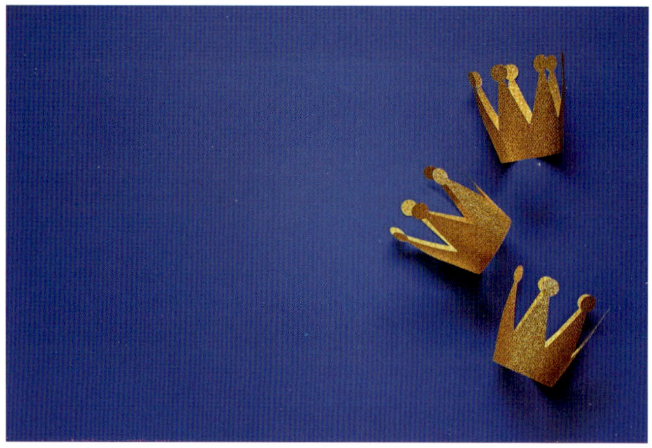

6. Januar
Die Heiligen Drei Könige

Zum Einstieg

- Mit dem Dreikönigstag verbinde ich …
- Das Sammeln für wohltätige Zwecke ist …
- Der Segen der Heiligen Drei Könige bedeutet mir …

Schon gewusst?

Der 6. Januar ist der Dreikönigstag. Er erinnert an die Geschichte aus der Bibel, nach der die drei Weisen aus dem Morgenland die weite Reise auf sich nehmen, um das Jesuskind zu besuchen und ihm Geschenke zu bringen.

Es ist üblich, dass Kinder sich an diesem Tag als die Heiligen Drei Könige verkleiden und von Haus zu Haus ziehen – sie werden von den katholischen Kirchengemeinden entsandt. Dabei singen sie, sprechen einen Segen für die Hausbewohner und sammeln Geld für wohltätige Zwecke.

Der Segen zum Dreikönigstag wird mit den Buchstaben „C+M+B“ an die Haustür geschrieben. Dies bedeutet: „Christus mansionem benedicat“: „Christus segne dieses Haus“.

Der 6. Januar ist in einigen Bundesländern ein gesetzlicher Feiertag.

Zum Vorlesen: Die Geschichte der Heiligen Drei Könige

In der Geschichte der Heiligen Drei Könige spielen Glaube und Hingabe eine wichtige Rolle. Für Christen kann diese Geschichte eine Erinnerung daran sein, dem eigenen Glauben zu folgen und die Kraft Gottes im Kleinen zu erkennen. Wir haben die Geschichte der Heiligen Drei Könige für Sie zum Vorlesen nacherzählt.

Die drei Weisen aus dem Morgenland
Es ist schon sehr lange her, da lebten im „Morgenland" drei weise Männer. Sie waren Sterndeuter und kannten sich gut mit Prophezeiungen aus. Als sie eines Nachts einen ganz besonderen Stern am Himmel entdeckten, waren sie sehr aufgeregt. Sie berieten sich und waren sich einig: Der Stern verhieß die Geburt eines neuen, sehr mächtigen Königs. Schnell beschlossen sie, sich auf die Reise zu begeben, um dem neuen König Geschenke zu bringen.

Die drei Sterndeuter reisten viele Tage und Nächte lang, sie folgten dem Weg, den der Stern ihnen wies, reisten durch Wüsten und über Berge. Die Reise war anstrengend, aber die Botschaft des Sterns gab ihnen die Kraft, die Reise durchzustehen. Als sie in Jerusalem ankamen, fragten sie nach dem neugeborenen König. Aber der herrschende König Herodes konnte ihnen nicht weiterhelfen. Die Frage nach dem neuen König beunruhigte ihn, weil er Angst um seine eigene Macht bekam.

Die drei Weisen reisten weiter und kamen in Bethlehem an. Schließlich erkannten sie, wo der Stern sie hingeführt hatte. In einem Stall lag, in Windeln gewickelt, ein Kind in einer Futterkrippe. Dies war der neue König! Die drei Weisen waren sehr glücklich. Sie brachten dem Kind wertvolle Geschenke dar: Gold, Weihrauch und Myrrhe. Sie knieten nieder und zeigten ihre Ehrerbietung.

Nach ihrer Rückkehr ins Morgenland erzählten die drei weisen Männer allen, was sie gesehen und erlebt hatten. Die Geschichte verbreitete sich schnell, und so verbreitete sich die Nachricht von der Geburt des neuen Königs Jesus.

Zusammen singen

Die Sternsinger gehen von Tür zu Tür, tragen Lieder vor, sprechen ihren Segen und sammeln Spenden. Ein sehr beliebtes altes Volkslied, das die Sternsinger anstimmen, heißt: „Die Heiligen Drei Könige mit ihrigem Stern". Dieses Lied können Sie zusammen mit den Seniorinnen und Senioren singen.

Die Heil'gen Drei König' mit ihrigem Stern
1. Die Heil'gen drei König' mit ihrigem Stern,
die kommen gegangen, ihr Frauen und Herrn.
Der Stern gab ihnen den Schein,
ein neues Reich geht uns herein.

2. Die Heil'gen drei König' mit ihrigem Stern,
sie bringen dem Kindlein das Opfer so gern.
Sie reisen in schneller Eil'
in dreizehn Tagen vierhundert Meil'.

3. Die Heil'gen Drei König' mit ihrigem Stern
knien nieder und ehren das Kindlein, den Herrn.
Ein' selige, fröhliche Zeit
verleih uns Gott im Himmelreich.

- Alternativ ist auch das Lied „Stern über Bethlehem" sehr beliebt und bekannt. Sie finden es sowohl im evangelischen Gesangbuch als auch im Gotteslob – oder im Internet.

25. Januar Vogelhochzeit

Zum Einstieg

- Die Vogelhochzeit als Brauch kenne ich …
- Gebäck, das zur Vogelhochzeit gehört, ist …
- Das Lied „Die Vogelhochzeit" verbinde ich mit …
- Vögel gefüttert habe ich …

Schon gewusst?

Die Vogelhochzeit ist ein Brauchtum, das traditionell in der Lausitz begangen wird. Der Vogelhochzeit liegt der Gedanke zugrunde, dass die Vögel sich bei den Kindern bedanken, die sie in den Wintermonaten gefüttert haben, indem sie sie an ihrem feierlichen Hochzeitsmahl teilhaben lassen.

Zur Vogelhochzeit stellen die Kinder am Vorabend des 25. Januar einen Teller vor die Tür oder auf ihr Fensterbrett. Am nächsten Morgen ist der Teller mit allerlei Leckereien gefüllt, die meist die Form von Vögeln oder Nestern haben. Dazu gehören zum Beispiel mit Zuckerguss überzogene Vögel aus Hefeteig, Baiser in Vogelform oder Nester, die aus einem Keksboden und einem Buttercreme-Rand bestehen, mit Schokolade überzogen und mit Zuckereiern verziert sind.

In den Schulen und Kindergärten wird der Tag mit Gesang, Umzügen und kleinen Vorführungen gefeiert, bei denen Amsel und Drossel Braut und Bräutigam darstellen – ganz wie in dem bekannten Volkslied „Die Vogelhochzeit". In den sorbischen Regionen besteht das Brautpaar aus einer Elster und einem Raben.

Für die Erwachsenen gibt es die sogenannte Abendvogelhochzeit, eine Veranstaltung aus Gesprächsrunden, gemütlichem Zusammensein und Tanzen.

Speisen & Getränke

Vogelgebäck backen

Backen Sie gemeinsam mit den Seniorinnen und Senioren Gebäck für die Vogelhochzeit! Die Plätzchen können nach dem Abkühlen und Verzieren in gemütlicher Runde bei einer Tasse frisch gekochtem Kaffee oder Tee gekostet werden.

Alternativ bekommen alle am Morgen des 25. Januar eines der Vögelchen als Überraschung an die Tür gehängt oder auf die Fensterbank gelegt.

Kopiervorlage S. 156

Das wird benötigt:

- 250 g Weizenmehl
- 150 g kalte Butter
- nach Belieben evtl. Zitronen-, Mandel- oder Vanillearoma
- 75 g Puderzucker
- 1 Prise Salz
- etwas Wasser
- Zuckerguss oder Puderzucker zum Verzieren
- Teigrolle
- Ausstecher oder Schablone in Vogelform (Kopiervorlage)
- Messer

So wird's gemacht

1. Aus den Zutaten einen Knetteig zubereiten. Dafür in das Mehl eine Mulde drücken und die kleingeschnittene Butter, das Aroma, den Puderzucker und das Salz hineingeben.
2. Die Zutaten zu einem glatten Teig verkneten. Eventuell ein wenig Wasser hinzufügen, wenn er zu trocken ist.
3. Den Teig anschließend für etwa eine Stunde kaltstellen. Den Backofen auf 180 °C Ober- und Unterhitze vorheizen.
4. Für das Ausstechen der Plätzchen die Arbeitsfläche mit Mehl bestäuben. Den Teig darauf ausrollen und entweder Plätzchen mit Ausstechern in Vogelform ausstechen oder eine Schablone auf den Teig legen und die Form mit einem Messer ausschneiden.

5. Die Vögel auf ein Backblech legen und bis zur gewünschten Bräunung backen.
6. Im Anschluss können die fertigen Plätzchen mit Puderzucker bestäubt oder mit Zuckerguss bestrichen werden.

Vogelfutter selbst machen

Programm

Am Tag der Vogelhochzeit bedanken sich die Vögel für das Futter, das ihnen in den Wintermonaten geschenkt worden ist. Da die Zeit des Vogelfütterns noch nicht zu Ende ist, haben wir zwei Varianten für selbst gemachtes Vogelfutter zusammengestellt, die sich leicht nachmachen lassen. Regelmäßige Besuche der Futterstellen lassen sich an die Aktion gut anschließen. Die Vögel zu beobachten und andererseits im Blick zu haben, wann neues Futter gebracht oder hergestellt werden muss, regt die Sinne an und fördert auch die Motivation für Bewegung.

Passen Sie die Schritte den Fähigkeiten und Ressourcen der Mitmachenden an. Arbeitsschritte, die den Seniorinnen und Senioren nicht möglich sind, bereiten Sie selbst vor oder übernehmen sie zwischendurch.

Vogelfutter-Anhänger

Material

- Rindertalg oder Kokosfett
- Vogelfutter (fertige Mischung oder gehackte Sonnenblumenkerne, Erdnüsse o.Ä.)
- etwas Speiseöl
- Topf
- Ausstechförmchen und Alufolie (alternativ kleine Silikonformen, z.B. für Muffins)
- Esslöffel
- Strohhalme
- Schnur

✷ Der Rindertalg wird von den Vögeln aufgrund seines höheren Energiegehalts bevorzugt. Wenn Sie allerdings lieber eine pflanzliche Alternative wählen möchten, ist das Kokosfett hierfür besonders gut geeignet.

So wird's gemacht

1. Den Rindertalg oder das Kokosfett in einem Topf schmelzen lassen. (Das Fett nicht zu heiß werden lassen, sonst fängt es an zu stinken.) Das Mischungsverhältnis von Fett zu Futter kann ungefähr bei 1:1 liegen. Die Mischung sollte weder zu viel noch zu wenig Vogelfutter beinhalten. Ruhig ein wenig nach Gefühl mischen.
2. Das Vogelfutter in die Fettmasse geben, umrühren und die Masse ein wenig erkalten lassen. So härtet sie etwas und lässt sich besser weiterverarbeiten. Durch einen Schuss Speiseöl wird das Fett hinterher nicht zu hart. Das Öl dafür einfach unterrühren.
3. Nun gibt es zwei Alternativen, um das Vogelfutter in „Form" zu bringen. Entweder man formt aus der Alufolie einen Boden für das Ausstechförmchen und schlägt diese an den Seiten des Förmchens außen hoch, oder man nimmt Muffinförmchen aus Silikon. Die abgekühlte Masse wird mit einem Esslöffel in die Förmchen gegeben. Um hinterher ein Loch zum Aufhängen zu haben, wird ein Stück Strohhalm in die Masse gesteckt.
4. Nun das Futter an einen kühlen, trockenen Ort stellen und warten, bis das Fett vollständig ausgehärtet ist. Die Vogelfutter-Anhänger vorsichtig aus den Förmchen lösen, den Strohhalm entfernen und eine Schnur durch das entstandene Loch ziehen.

* Suchen Sie gemeinsam einen schattigen Ort zum Aufhängen aus. Durch Sonnenstrahlen kann das Fett sonst schnell wieder weich werden.

* Reste der Vogelfutter-Fett-Mischung können gut an Baumstämme geschmiert werden. Die Vögel picken die Masse einfach vom Stamm.

Vogelfutter-Rollen

Material

- leere Papphülsen von Toiletten-papierrollen
- Messer oder Esslöffel
- Erdnussbutter
- Tablett
- Vogelfuttermischung
- Schnur

So wird's gemacht

1. Die leeren Papphülsen von außen großzügig mit der Erdnussbutter bestreichen.
2. Das Vogelfutter auf einem Tablett verteilen.
3. Nun die Papphülsen vorsichtig über die Körner rollen, sodass möglichst viele davon an der Erdnussbutter haften bleiben.
4. Zum Schluss wird eine Schnur durch jede Rolle gezogen. Hängen Sie die Rollen draußen an einen schattigen, geschützten Platz.

Weiberfastnacht

Zum Einstieg

- Zur Weiberfastnacht gehört, dass …
- Das Abschneiden von Krawatten finde ich …
- Dass Frauen das Regiment an Weiberfastnacht überlassen wird, ist …

Schon gewusst?

Die Tradition der Weiberfastnacht geht bis ins Mittelalter zurück und wird in den verschiedenen Regionen ganz unterschiedlich begangen. Die Traditionen kommen aus einer Zeit, in der es eher unüblich war, dass Frauen das Sagen hatten, und stehen für eine Machtumkehr in der traditionellen Geschlechterbeziehung.

Die Weiberfastnacht findet immer am Donnerstag vor dem Rosenmontag statt. Wie bei anderen Karnevals- oder Faschingsveranstaltungen ist Verkleiden und Feiern an der Tagesordnung. Ein bekannter und weitverbreiteter Brauch zur Weiberfastnacht ist es, den Herren die Krawatten abzuschneiden.

Programm

Papier-Krawatten basteln

Diese Vorlagen für Papier-Krawatten werden ganz nach Geschmack gestaltet und können dann den Herren zum Verkleiden dienen – bevor die Damenwelt sie ihnen abnimmt oder abschneidet. Natürlich darf hier auch von der Tradition abgewichen werden; ein Rollentausch ist jederzeit erlaubt.

Material
- Kopien der Krawatten-Vorlagen in ausreichender Anzahl
- Farbstifte
- Scheren
- ggf. (Gummi-)Band

Kopiervorlage S. 149

So wird's gemacht

1. Die Teilnehmenden suchen sich eine der beiden Krawatten-Vorlagen aus und malen sie nach eigenen Wünschen bunt an.
2. Danach wird die Krawatte ausgeschnitten.

✷ Wir haben eine Vorlage gestaltet, bei der nichts um den Hals gebunden werden muss, weil das leicht ein unangenehmes Gefühl auslösen kann. Selbstverständlich können die Krawatten aber trotzdem an einem (Gummi-)Band befestigt werden, wenn das Umbinden gewünscht ist. Bei allen anderen wird einfach der schraffierte Teil der Krawatte nach hinten umgeknickt und in den Kragen gesteckt.

✷ Wenn das Abschneiden der Krawatten für die Teilnehmenden unangenehm oder zu schwierig ist, kann die Krawatte alternativ auch ganz einfach herausgezogen werden.

Fastnacht - Fasching - Karneval

Zum Einstieg

- Zur Fastnacht gehört für mich …
- Typische Karnevalsverkleidungen sind …
- Essen und Trinken zur Fastnacht bedeutet typischerweise …
- Karnevalslieder, die ich kenne, sind …
- Einen Karnevalsumzug habe ich …
- Büttenreden finde ich …

Schon gewusst?

Egal, ob „Karneval", „Fasching" oder „Fastnacht" – vor Beginn der Fastenzeit wird in der sogenannten fünften Jahreszeit noch einmal ausgiebig gefeiert. Bunte Umzüge, Musik und Verkleidungen spielen zu Karneval eine große Rolle.

Mit dem Aschermittwoch beginnt die Fastenzeit. In der Nacht zu Aschermittwoch um Punkt Mitternacht endet der Karneval, und es gibt an vielen Orten die Tradition, dass die Karnevalisten eine Strohpuppe, den sogenannten Nubbel, als Verantwortlichen für alle Laster der karnevalistischen Tage verbrennen. Auf den Nubbel werden die in der Karnevalszeit begangenen Verfehlungen oder Sünden gelegt, damit diese nach der Verbrennung nicht mehr gelten können.

Bereiten Sie zusammen mit den Seniorinnen und Senioren ein rauschendes Fest vor. Begrüßen Sie die Feiernden mit einer zünftigen Büttenrede, und lassen Sie die Funkenmariechen tanzen.

Zum Vorlesen: Büttenrede

Programm

Eine Büttenrede darf auf einer Karnevalssitzung natürlich nicht fehlen. Sie können die folgende Rede mit Schwung vortragen und dadurch Fastnachtsstimmung verbreiten.

Oder vielleicht fällt ihnen selbst eine Büttenrede in Ihrem Dialekt ein?

Liebe Leute, Schwester, Bruder,
die Narren übernehm'n das Ruder.
Heute ist ganz viel erlaubt,
ob blutjung oder angegraut!
Also lasst es heute krachen,
lasst uns 1000 Späße machen.

Wir pfeifen auf die Etikette,
ob Franz, ob Hans oder Annette.
Die Bowle lässt uns lustig tanzen,
wir sind ja keine Trockenpflanzen.
Wir sind echte Rollator-Rocker
das Gebiss sitzt heute locker.

Drum feiert heut, als gäb's kein Morgen,
vergesst den Kummer und die Sorgen,
lasst den Sekt in Bächen fließen,
lasst die Schnapsideen sprießen.
Der Karnevalszeit, ihr sei Dank,
holt die Hüte aus dem Schrank.

Wir sind Narren, das ist klar,
und alles das, was einmal war,
wird uns heute wohl nicht stoppen,
denn wir scherzen, lachen, foppen ...

Und wenn es dann vorüber ist,
gibt's manches, was man nie vergisst,
was uns durch den Alltag trägt -
Erinnerung, die nie vergeht.

Gardetanz im Sitzen

Funkenmariechen springen lustig auf und ab, und ihre locker-leicht aussehenden, teils akrobatischen Tänze sind aus der Karnevalszeit nicht wegzudenken. Ganz so zackig lässt sich ein Tanz in der Seniorenarbeit meist nicht umsetzen, doch es ist durchaus möglich, sich von den Bewegungen der Tanzmariechen zu einem Sitztanz inspirieren zu lassen. Lassen Sie passende Marschmusik laufen und geben Sie die folgenden Bewegungen im passenden Rhythmus vor. Wechseln Sie sie ab, und orientieren Sie sich in der Umsetzung und beim Tempo an den Möglichkeiten der Mitmachenden.

Lied: Radetzky-Marsch

Marschieren: Marschieren gehört zu einem echten Gardetanz auf jeden Fall dazu. Dabei werden die Füße gestreckt, sodass die Zehenspitzen beim Hochziehen der Knie in Richtung Boden zeigen - praktisch ein Marschieren auf Zehenspitzen.

Hacke-Spitze: Ein Fuß wird mit der Hacke vor dem Körper abgesetzt und dann mit der Spitze neben dem anderen Fuß. Die Bewegung wird mehrfach wiederholt. Dann wird zum anderen Fuß gewechselt. Alternativ immer abwechselnd mit dem einen und dann mit dem anderen Fuß. Schätzen Sie anhand der Fähigkeiten der Mitmachenden ein, ob sie Hacke-Spitze auch auf diese „schräge" Art durchführen möchten oder klassisch in gerader Linie, also Hack vorn, Spitze hinten parallel neben dem anderen Fuß.

Beine „schmeißen": Die hochfliegenden Beine sind für Funkenmariechen sehr typisch. Auch das lässt sich bei einem Sitztanz prima imitieren. Die Beine fliegen vielleicht nicht ganz so hoch, aber die Füße können mit leichtem Schwung auf die Höhe der Knie gebracht werden - oder einfach so hoch, wie es der einzelnen Person möglich ist.

Pferdchen: Um die Position zu wechseln, wird oft eine Bewegung genutzt, bei der (hüpfend) ein Fuß erst auf den Zehenspitzen vor den Körper und dann auf den Zehenspitzen nach hinten gesetzt wird. Darauf folgt schnell der andere Fuß. Die Bewegung kann im Sitztanz durch eine federnde Bewegung am Platz nachgeahmt werden, natürlich ohne Positionswechsel.

Clown: Das Knie wird seitlich nach oben gezogen, sodass der Fuß in Richtung des gegenüberliegenden Knies zeigt. Vermeiden Sie diese Bewegung, wenn unter den Teilnehmenden Personen mit künstlichen Gelenken sind. Grundsätzlich ist es in Gruppen mit älteren Menschen auch empfehlenswert, den Fuß gerade nach oben zu ziehen, dafür das andere Bein auszustrecken.

Variieren Sie passend zu den Bewegungen für die Beine auch die Bewegungen für die Arme. Hier ein paar Beispiele:

- Hände in die Seiten stemmen
- über dem Kopf (alternativ vor dem Körper) klatschen
- einen Arm im Bogen nach oben halten, sodass die Handinnenfläche in Richtung Kopf zeigt, den anderen Arm in die Seite stemmen
- Hände verschränken und Arme ausgestreckt nach unten halten, sodass die Handinnenflächen nach unten zeigen
- im Kreis sitzend bei den Nachbarn einhaken
- Arme rhythmisch in gleiche oder unterschiedliche Richtungen schwingen

✷ Als Variation bietet es sich an, bunte Tücher zu schwingen.

14. Februar
Valentinstag

Zum Einstieg

- Den Valentinstag kenne ich …
- Für mich hat der Valentinstag die Bedeutung …
- Wenn ich jemandem zeigen möchte, dass ich ihn liebe …
- Ein schönes Geschenk für jemanden, den man liebt, ist …
- Zu einem romantischen Abend gehört …
- Jemand, der mich liebt, könnte mir eine Freude machen, indem …

Schon gewusst?

Der Valentinstag wird am 14. Februar gefeiert und geht auf den Heiligen Valentin zurück. Eine Legende dazu besagt, dass St. Valentin Soldaten traute, denen das Heiraten verboten war.

Das erste Mal wurde der Valentinstag im 14. Jahrhundert gefeiert. Im 18. Jahrhundert etablierte er sich in England und wurde von Verliebten zum Anlass genommen, sich gegenseitig Geschenke zum Ausdruck ihrer Liebe zu überreichen. Die Herren schrieben für ihre Herzensdame Valentinskärtchen mit romantischen Versen. Der Brauch verbreitete sich in den USA und kam nach dem Zweiten Weltkrieg durch in Deutschland stationierte US-Soldaten auch hierzulande an.

Zu den beliebtesten Geschenken in Deutschland gehören neben roten Rosen auch Schmuck und Süßigkeiten, am liebsten in Herzform.

Herzbild

Dekoration

Ein rotes Herz ist *das* Symbol für die Liebe. Am Valentinstag machen die, die ihn feiern, dem Menschen ihres Herzens Geschenke. Etwas Selbstgemachtes hat dabei eine ganz eigene und besondere Symbolik. Und auch nur der Anblick eines roten Herzens kann manchmal Herzen öffnen.

Gestalten Sie gemeinsam mit den Seniorinnen und Senioren ein Herzbild. Unterstützen sie die Mitmachenden bei den Schritten, die sie nicht alleine ausführen können, oder bereiten Sie bei Bedarf schon die ersten Schritte vor.

Kopiervorlage S. 150

Material

- Kopiervorlage: Herz-Schablone
- 1 kleiner Keilrahmen pro Person (alternativ Tonkarton oder Aquarellpapier, z.B. 24 x 30 cm)
- Scheren
- Wattestäbchen
- Pinzette
- 1 Borstenpinsel pro Person
- rote Wassermalfarbe
- Wasserglas
- evtl. Sieb
- Küchenpapier oder feuchttücher zum Reinigen der Hände

So wird's gemacht

1. Kopieren Sie die Herz-Schablone in ausreichender Anzahl.
2. Die Kopien der Herz-Schablone werden ausgeteilt und ausgeschnitten.
3. Die Teilnehmenden erhalten einen Keilrahmen oder ein Stück Tonkarton/Aquarellpapier und legen ihre Herz-Schablone mittig darauf.
4. Nun Wattestäbchen strahlenförmig dicht an dicht rund um das Herz legen, sodass der äußere Rand durchgehend von Watte umgeben ist. Anschließend das Herz mithilfe der Pinzette vorsichtig aus der Mitte nehmen.
5. Pinsel nass machen und ausreichend rote Farbe aus dem Wasserfarbkasten aufnehmen. Mit den Fingern über die Pinselborsten fahren und so die Farbe auf der Fläche verspritzen, bis rund um die Wattestäbchen alles mit Farbspritzern bedeckt ist.

- Wer die Farbe nicht mithilfe der Finger verspritzen möchte, kann ein kleines Sieb dazu nehmen: Farbe mit dem Pinsel aufnehmen, Sieb und Pinsel über das Herz halten und mit den Pinselborsten über das Sieb streichen.

6. Das Bild trocknen lassen. Dann die Wattestäbchen entfernen.

Das Bild kann nun aufgehängt oder aufgestellt werden. Wenn Sie auf Papier arbeiten, können Sie mit Ihrer Gruppe Grußkarten aus Tonpapier herstellen: Das Herzbild rechteckig in passender Größe ausschneiden und auf die Vorderseite kleben. Nun kann die Karte mit einem herzlichen Gruß für einen lieben Menschen weitergegeben werden.

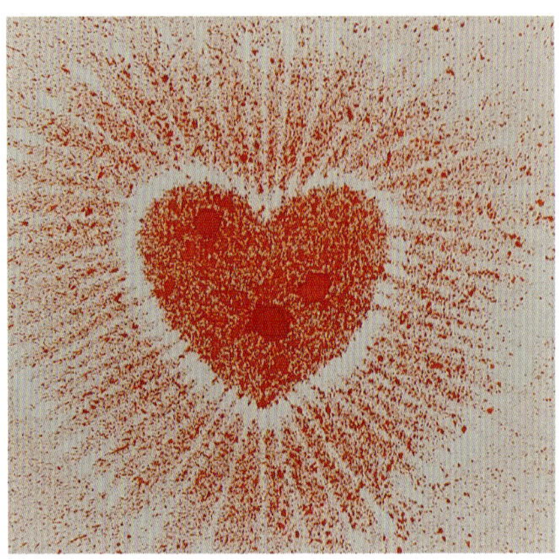

Speisen & Getränke

Schichtdessert mit Himbeeren

Viele Paare treffen sich am Valentinstag zu einem gemeinsamen Abendessen in trauter Zweisamkeit. Auf ein gemütliches Abendessen kann ein leckeres Dessert folgen. Bereiten Sie mit den Seniorinnen und Senioren ein Schichtdessert vor, bei dem jeder mit seinen Fähigkeiten auf unterschiedliche Art und Weise helfen kann.

In der Anleitung für die Zubereitung stehen die einzelnen Arbeitsschritte beschrieben. Entscheiden Sie als Gruppenleitung, welcher Schritt von den Mitmachenden übernommen werden kann und inwieweit Sie die Zubereitung anleiten. Berücksichtigen Sie bei der Entscheidung und der Umsetzung sowohl die körperlichen als auch die kognitiven Fähigkeiten und die Vorlieben der Seniorinnen und Senioren.

Das wird benötigt
(für ca. vier Portionen)

- 300 g Himbeeren (frisch oder tiefgefroren)
- 150 g Kekse nach Geschmack
- 300 g Speisequark
- 1 Prise Salz
- 40 g Zucker (braun oder weiß)
- 1 Pck. Vanillezucker
- 200 g Schlagsahne
- 1 Pck. Sahnesteif
- Dekoration nach Belieben
- Pürierstab oder Kartoffelstampfer
- Gefrierbeutel
- Nudelholz
- Rührschüsseln
- Handmixer
- Gläser oder Dessertschälchen
- Löffel

So wird's gemacht

1. Frische Himbeeren waschen, tiefgefrorene Himbeeren rechtzeitig auftauen lassen. Ein paar Himbeeren für die Dekoration der Dessertgläser zur Seite legen.
2. Die restlichen Himbeeren werden mithilfe des Pürierstabs püriert oder mit dem Kartoffelstampfer zerdrückt. 20 g Zucker unterrühren.
3. Nun werden die Kekse in den Gefrierbeutel gegeben und mit dem Nudelholz vorsichtig zerdrückt.
4. Für die Quarkcreme den Quark in eine Schüssel geben und mit der Prise Salz, 20 g Zucker und dem Vanillezucker verrühren.
5. Die Sahne mit dem Sahnefest steif schlagen und anschließend unter den Quark heben.
6. Nun wird geschichtet: Begonnen wird mit den Keksbröseln. Davon eine Schicht in jedes Glas geben. Darauf wird eine Schicht Quarkcreme verteilt. Anschließend kommt eine Schicht Himbeerpüree und darauf noch eine Schicht Quarkcreme. Die Schichten können nach Geschmack, Vorliebe und Größe des Glases in der Menge individuell variiert werden.
7. Auch beim Verzieren herrscht Gestaltungsfreiheit. Das Dessert kann mit den frischen Himbeeren, übrig gebliebenen Keksbröseln, Schokoladenstückchen oder -figuren, Kakaopulver oder Zimtzucker dekoriert werden. Der Kreativität und den vorhandenen Möglichkeiten sind hier keine Grenzen gesetzt.

21. Februar
Biikebrennen

Zum Einstieg

- Biikebrennen kenne ich von …
- Beim Biikebrennen gefällt mir am besten …
- Wenn ich an dem knisternden Feuer stehe und die Flammen beobachte, fühle ich …
- Zum Biikebrennen würde ich gerne wissen, …

Schon gewusst?

Biikebrennen ist ein Volksfest in Nordfriesland, bei dem traditionell ein Feuer abgebrannt wird: das Biikefeuer. Biike bedeutet Bake oder Feuerzeichen. In manchen Gegenden ersetzt das Biikebrennen das Osterfeuer. Ursprünglich sollten mit diesem Feuerbrauch am Vorabend des Petritages die bösen Geister vertrieben werden.

Außerdem setzte am Petritag nach der Winterpause die Schifffahrt wieder ein. Und so wurden die Walfänger von ihren Frauen mit Leuchtfeuern verabschiedet, um ihnen ein möglichst langes Geleit zu schenken.

Die Feuer bestehen heute meist aus Weihnachtsbäumen oder Baumschnitt. Sie symbolisieren den ankommenden Frühling. Für den scheidenden Winter steht mancherorts eine Strohpuppe, die verbrannt wird.

Zum Fest des Biikebrennens gehören neben dem Feuerbrauch auch Reden, die auf Friesisch gehalten werden, und das traditionelle Grünkohl-Essen. Die Kinder des Dorfes tragen Gedichte vor.

Bewegungen im Sitzen zum Biikebrennen

Programm

Material
- Chiffontücher oder Servietten in Gelb, Orange oder Rot

So wird's gemacht

1. Die Teilnehmenden sitzen im Kreis und halten in jeder Hand, die sie noch gut bewegen können, ein Tuch oder eine Serviette.
2. Anschließend werden die folgenden Beschreibungen zu verschiedenen Bewegungen einmal geübt. Dabei sagen Sie die Bewegung an und machen sie gleichzeitig vor. Die Teilnehmenden machen sie nach.

Wählen Sie je nach den Ressourcen Ihrer Teilnehmenden aus, wie viele der vorgeschlagenen Bewegungen Sie einführen. Starten Sie mit wenigen Bewegungen und nehmen Sie dann, wenn möglich, zusätzliche Bewegungen hinzu.

Die Bewegungen werden alle im Sitzen durchgeführt. Sie werden mehrfach wiederholt, und die Reihenfolge der Bewegungen wird variiert. Die Beschreibung „Das Feuer erlischt" wird nur einmal ganz am Ende durchgeführt.

- **Das Feuer knistert:** Die Tücher werden mit herunterhängenden Armen links und rechts neben dem Körper locker und schnell aus dem Handgelenk hin- und herbewegt. Die Füße werden auf dem Boden hin- und hergeschoben, ohne dass sie hochgehoben werden.
- **Das Feuer züngelt:** Die Tücher werden in einer liegenden Acht vor dem Körper geschwungen. Die Hände wechseln sich ab.
- **Das Feuer glimmt:** Die Tücher werden langsam mit angewinkelten Armen vor dem Körper von links nach rechts bewegt.
- **Das Feuer knackt:** Die Arme schwingen von links nach rechts, und die Füße stampfen bei jedem Schwingen einmal auf.
- **Das Feuer strahlt:** Die Arme werden andächtig nach oben gehoben.
- **Das Feuer lodert:** Die ausgestreckten Arme werden vor dem Körper weit ausgestreckt und auf- und abbewegt.

- **Das Feuer flackert:** Die Arme werden nach oben gestreckt und abwechselnd leicht nach vorn und nach hinten bewegt.
- **Das Feuer erlischt:** Alle werfen ihre Tücher in hohem Bogen in die Mitte.

Zum Vorlesen

Wer es etwas ruhiger mag, kann auch gerne das folgende Gedicht vorlesen.

Das Biike-Feuer
Bis jetzt war es sehr lange kalt,
doch langsam wird das Jahr nun alt,
der Winter, er muss gehen,
wir wolln ihn nicht mehr sehen.
Kommt heute alle mit zum Strand,
die Biike, sie wird hier verbrannt.

Das Holz alt und vermodert,
seht wie die Flamme lodert!
Die Flamme wärmt das kalte Herz,
vertreibt den Gram, vertreibt den Schmerz.
Der Winter und die Kälte,
kriegen heute Schelte.

Alle Menschen feiern hier,
jeder ist genau wie wir,
egal, ob arm oder auch reich,
am Ende sind wir alle gleich.
Kommt her, ob groß, ob klein,
zu uns, zum Feuerschein.

Hört, wie das Meer die Wellen schlägt,
seht, wie die Flamme sich bewegt.
Lauscht der Musik, dem zarten Klang,
stimmt ein und erhebt den Gesang.

8. März
Internationaler Frauentag

Zum Einstieg

- Mit dem Frauentag verbinde ich …
- Die Gleichberechtigung von Frauen bedeutet für mich …
- Frauen aus meinem Umfeld, die in meinem Leben eine wichtige Rolle spielen, sind …
- Prominente Frauen, die ich mag, sind zum Beispiel …

Schon gewusst?

Der Gedanke zu diesem Tag kam ursprünglich aus den USA. Dort fand am 28. Februar 1909 der erste Frauentag statt. Die Deutsche Clara Zetkin forderte daraufhin im Jahr 1910 bei der zweiten Internationalen Sozialistischen Frauenkonferenz in Kopenhagen die Einführung eines Internationalen Frauentags, um für Arbeitsrechte, die Gleichberechtigung und das Wahlrecht für Frauen zu kämpfen.

In Deutschland wurde der Frauentag erstmals im März 1911 gefeiert. Zur Zeit des Nationalsozialismus wurde er verboten. Es gab Gegenbewegungen im privaten Raum, die den Frauentag dennoch feierten und damit auch ihren Widerstand gegen das nationalsozialistische System deutlich machten. Symbolisch wurden am Frauentag beispielsweise rote Textilien „zum Auslüften" aus den Fenstern oder an Wäscheleinen gehängt.

Nach dem Zweiten Weltkrieg wurde der Frauentag in Ost- und Westdeutschland unterschiedlich begangen. Im damaligen Ostdeutschland hatte er eine größere Bedeutung als im Westen. Es gab in vielen Betrieben

Feierlichkeiten, bei denen die Vorgesetzten und männlichen Kollegen ihren Kolleginnen gratulierten und Blumen überreichten.

Wenige Jahre nach der Wiedervereinigung bekam der Internationale Frauentag wieder eine politische Bedeutung in ganz Deutschland. Seitdem gibt es bundesweit Vorträge und Demonstrationen für Frauenrechte, Gleichstellung, gerechte Bezahlung und gegen Gewalt in jeglicher Form.

In Berlin und Mecklenburg-Vorpommern ist der Internationale Frauentag ein gesetzlicher Feiertag.

Programm

Gedankenaustausch

Sprechen Sie mit den Seniorinnen und Senioren über ihre Gedanken zum Internationalen Frauentag.

- Wie haben sie diesen Tag im Laufe ihres Lebens kennengelernt und erlebt?
- Wie haben sie ihre eigenen Rechte empfunden?
- Haben sie sich in der Gesellschaft und im Arbeitsleben wohlgefühlt?
- Sind sie für ihre Rechte eingetreten, oder war das eventuell gar nicht gerne gesehen?

Die Erfahrungen mit Feierlichkeiten zum Internationalen Frauentag und die Einstellung zu Frauenrechten werden sicherlich regional sehr unterschiedlich sein. Planen Sie, besonders in Gruppenangeboten, Zeit und Raum für Gespräche ein, und nehmen Sie eine offene Haltung gegenüber den Erzählungen, der Sozialisation der Teilnehmenden und dem Verständnis von eigenen Rechten ein.

Zum Wohlfühlen

Nicht nur Blumen sind ein willkommenes Geschenk zum Frauentag. Auch ein kleines Wohlfühl-Programm für die Hände kommt bei vielen gut an. Selbstverständlich dürfen auch die Herren im Teilnehmerkreis davon profitieren - wenn sie es möchten.

Handbad mit Kamille

Material

- 500–750 ml Wasser
- Kamillenblüten / evtl. Kamillenblütentee
- Topf
- Sieb zum Abseihen
- große Schüssel
- 2 EL Olivenöl
- Handtuch
- Handcreme

So wird's gemacht

1. Das Wasser zum Kochen bringen und die Kamillenblüten und/oder den Tee zehn Minuten darin ziehen lassen.
2. Das Kamillenwasser abseihen und abkühlen lassen, bis es eine warme, angenehme Temperatur hat.
3. Nun das Kamillenwasser in eine große Schüssel umfüllen und das Olivenöl hinzufügen.
4. Die Teilnehmerin darf ihre Hände so lange in dem Handbad bewegen, wie sie es als angenehm empfindet. Eine Dauer von zwanzig Minuten sollte aber nicht überschritten werden. Wer möchte, kann sich die Hände dabei auch von Ihnen massieren lassen (siehe unten „Handmassage).
5. Tupfen Sie anschließend die Hände der Teilnehmerin sanft mit einem weichen Handtuch ab und pflegen Sie sie, wenn gewünscht, mit einer Handcreme.

Handbad mit Milch und Honig

Statt eines Handbads mit Kamille, können Sie die Teilnehmenden auch mit eine Handbad mit Milch und Honig verwöhnen.

Material

- 500-750 ml Milch oder Mandelmilch
- Topf
- 2 EL Olivenöl
- 1 EL Honig
- Schüssel
- Handtuch
- Handcreme

So wird's gemacht

1. Die Milch ganz leicht erwärmen.
2. Olivenöl und Honig dazugeben und umrühren.
3. Alles in eine Schüssel umgießen und vorgehen wie beim „Handbad mit Kamille" beschrieben.

Handmassage

Material

- Massageöl oder neutrales Babyöl
- Handtuch

So wird's gemacht

1. Erklären Sie den Seniorinnen - und Senioren - vorab, dass Sie ihnen gerne eine Handmassage anbieten möchten. Beschreiben Sie, dass Sie während der Handmassage die Muskulatur der Hand lockern, die Gelenke vorsichtig bewegen und Ihrem Gegenüber einen Moment der Entspannung schenken möchten.
2. Sie können für die Handmassage entweder einander gegenüber an einem Tisch sitzen oder nebeneinander auf zwei Stühlen. Für die Massa-

ge müssen die Hände nicht vorher im Handbad gebadet worden sein. Reinigen Sie die Hände der Teilnehmenden aber vorher mit einem Tuch, oder gehen Sie gemeinsam die Hände waschen. Um Infektionen vorzubeugen, sollten auch Sie unbedingt vorher die Hände gewaschen und desinfiziert haben.

✷ Sie kennen Ihr Gegenüber am besten. Eventuell ist es bei dem einen sinnvoll, jeden Schritt zu beschreiben, den Sie als Nächstes machen werden. Der andere kann wiederum besser entspannen, wenn Sie einfach ein paar Minuten am Stück durchmassieren, ohne viele Worte zu verlieren.

3. Nehmen Sie die Hand der teilnehmenden Person in Ihre Hand. Wenn Sie nebeneinandersitzen, legen Sie Ihre haltende Hand (bei Rechtshändern wird das die linke Hand sein) einfach in Ihren Schoß. Sitzen Sie sich gegenüber und ist ein Tisch dazwischen, schauen Sie, dass Sie beide eine angenehme Haltung einnehmen und das Gewicht der Arme an den Tisch abgeben.
4. Tragen Sie in ruhigen Bewegungen das Massageöl auf und verteilen Sie es so, dass der Handrücken, die Handinnenfläche und die Finger der Teilnehmenden damit benetzt sind.
5. Nehmen Sie die Hand nun in Ihre beiden Hände. Ihre Handinnenflächen zeigen dabei nach oben. Streichen Sie mit Ihren Daumen mit sanftem Druck von innen nach außen und von den Fingergrundgelenken (das sind die Gelenke, an denen die Finger ansetzen) über den Handrücken bis zum Handgelenk.
6. Nehmen Sie die Hand wieder in Ihre haltende Hand. Machen Sie mit Ihrer anderen Hand kreisende Bewegungen mit Ihrem Daumen von den Fingerspitzen bis zu den Fingergrundgelenken. Beginnen Sie beim Daumen, und schließen Sie die anderen Finger an.
7. Streichen Sie dreimal mit sanftem Druck vom Handgelenk bis zu den Fingergrundgelenken über den Handrücken.
8. Umgreifen Sie jeden Finger einzeln und lassen Sie Ihre Hand mit leichtem Druck in Richtung der Fingerspitze gleiten. Ziehen Sie die Finger dabei ganz leicht lang. Beginnen Sie auch hier mit dem Daumen, und schließen Sie die anderen Finger an.
9. Streichen Sie die Hand über den Handrücken noch einmal aus.

10. Umfassen Sie nun jeden Finger einzeln und führen Sie ihn in eine leichte kreisförmige Bewegung. Beginnen Sie mit dem Daumen. Mit dieser Übung lockern Sie die Fingergrundgelenke.
11. Drehen Sie die Hand um und nehmen Sie sie erneut in Ihre beiden Hände. Streichen Sie mit Ihren beiden Daumen mehrmals von der Mitte der Handinnenfläche nach außen.
12. Drehen Sie die Hand zurück, und streichen Sie sie erneut über den Handrücken vom Handgelenk bis zu den Fingergrundgelenken aus.

Nägel lackieren

Viele Seniorinnen haben sich früher gerne die Nägel lackiert. Mit zunehmenden Einschränkungen in den Bereichen Motorik und Sehen wird das Selberlackieren für die eine oder andere schwieriger oder ist sogar nicht mehr möglich. Erfahrungsgemäß haben viele dieser Seniorinnen Freude daran, wenn ihnen die Nägel lackiert werden. Bringen Sie eine kleine Auswahl an Farben mit, und lassen Sie die interessierten Seniorinnen eine Farbe auswählen. Lackieren Sie die Nägel mit der ausgewählten Farbe.

Zum Vorlesen: Eine Entspannungsgeschichte

So wird's gemacht

Bitten Sie die Zuhörenden, eine angenehme Sitzhaltung einzunehmen. Die Füße stehen nebeneinander, die Arme liegen entspannt auf den Oberschenkeln. Wer mag, darf die Augen schließen. Erklären Sie den Seniorinnen und Senioren, dass Sie sie in der Geschichte mit „Du" anreden, um eine vertrautere Atmosphäre für die Entspannung erreichen zu können. Laden Sie die Teilnehmenden ein, mit Ihnen gedanklich auf eine grüne Wiese zu kommen …

Auf einer grünen Wiese

Stell dir vor, du sitzt auf einer grünen Wiese. Die Luft um dich herum ist warm, und es duftet nach Frühling. Die Decke, auf der du sitzt, ist angenehm weich. Vorsichtig streichst du mit deinen Händen darüber. Du atmest ganz ruhig ein … und aus. Ein … und aus. Ein … und aus.

Du lehnst mit deinem Rücken an einem Baum. Der Halt, den der Baum dir schenkt, fühlt sich sicher und verlässlich an. Du kannst all die Anspannungen aus deinem Körper an ihn abgeben. In deinem Rücken spürst du seinen sicheren Halt. Eine Stabilität, die dir Kraft gibt. Du atmest ruhig und entspannt.

Alles Schwere darf nach unten fließen. Alles, was dich bedrückt, darfst du an den Boden unter dir abgeben.

Du spürst, wie sich dein Körper Stück für Stück leichter anfühlt. Dein Atem fließt ganz gleichmäßig durch dich hindurch. Du fühlst dich unbeschwert.

Die Sonne wärmt deine Haut. Die Wärme fühlt sich angenehm an. Du genießt es, wie es sich anfühlt, wenn sie durch deinen Körper strömt.

Um dich herum ist es ruhig. Nur leises Vogelgezwitscher ist zu hören. Du fühlst dich wohl an dem Ort, an dem du gerade bist.

Du atmest ruhig ein … und aus. Ein … und aus. Ein … und aus. Dein Körper ist von einer angenehmen Leichtigkeit erfüllt.

Du streichst noch einmal über die weiche Decke unter dir. Spürst bewusst den Baum, der dir so viel Halt und Sicherheit gibt. Fühlst die angenehme Wärme auf deiner Haut.

Du fühlst dich sicher, zufrieden und entspannt.

1. April

Zum Einstieg

- Zu einem gelungenen Aprilscherz gehört …
- Sich einen Scherz zu erlauben, finde ich …

Schon gewusst?

Wer am 1. April eine fantastische Geschichte hört oder verwundert Unglaubliches in den Nachrichten vernimmt, der wird wahrscheinlich gerade „in den April geschickt". Ganz sicher ist man aber erst, wenn der Erzählende oder Schreibende den Aprilscherz auflöst: „April, April!" Anschließend darf gemeinsam gelacht werden.

Warum gerade der 1. April zum Datum geworden ist, an dem man andere scherzhaft in die Irre führt, ist nicht überliefert. Aber jeder weiß von Kindheit an: „April, April, der macht, was er will!" Und damit ist nicht nur das Wetter gemeint.

Programm

Zuhören und rätseln

Wir haben eine kleine Geschichte geschrieben, die die Zuhörenden ordentlich in die Irre führen möchte. Doch wer aufmerksam zuhört, dem fallen die Fehlinformationen bestimmt auf - oder? Bitten Sie die Mitmachenden, gut aufzupassen und „April, April!" zu rufen, wenn sie merken, dass in der Geschichte etwas nicht stimmt.

Der Frühlingstag

Margitta freut sich über das Zwitschern der Vögel und den sonnigen Start in den Tag. Der April, der Monat des kalendarischen Frühlingsanfangs, ist da.

(April, April! Der kalendarische Frühlingsanfang findet im März statt.)

Die Frühlingsblumen blühen um die Wette. Gestern hat sich Margitta schon einen großen Tulpenstrauß beim Blumenhändler zusammenstellen lassen, dieser steht jetzt auf ihrem Esszimmertisch und erfreut sie, während sie ihr Frühstück genießt. Nach dem Frühstück beschließt sie, einen kleinen Spaziergang in den Park zu unternehmen, um auch dort die Frühlingsblumen in ihrer vollen Pracht zu bewundern.

Im Park angekommen, ist sie von der Schönheit der Blumen ganz überwältigt. Die Hyazinthen und Krokusse leuchten ihr in wunderschönen Rosa- und Lilatönen entgegen, und die Narzissen erstrahlen in einem frischen, frühlingshaften Blauton.

(April, April! Es gibt keine blauen Narzissen.)

Margitta überlegt, ob sie ein paar Blumen abschneiden und mitnehmen soll - doch sie entscheidet sich dagegen. Es ist schließlich viel schöner, wenn die Blumen in der Natur bleiben und dort viele Menschen und Tiere erfreuen. Als sie weiter durch den Park schlendert, entdeckt sie, dass auch der Apfelbaum seine ganze Schönheit entfaltet. Wie wundervoll, denkt sie, und bei den knackig roten Äpfeln, die er trägt, kann sie einfach nicht widerstehen und pflückt sich einen ab.

(April, April! Im April gibt es in Deutschland keine reifen Äpfel.)

Es wird Zeit für Margitta, den Heimweg anzutreten. Sie genießt noch einmal den Anblick des bunt blühenden Parks und macht sich dann auf den Rückweg. Kurze Zeit später wird klar, dass sie den Zeitpunkt optimal gewählt hat. Kurz bevor sie die Haustür aufschließt, fallen ihr die ersten Regentropfen auf den Kopf, und kaum ist die Tür ins Schloss gefallen, bricht draußen schon ein richtiges Gewitter los. So ist er, der April - er macht, was er will!

Karwoche

Zum Einstieg

- Die Fastenzeit vor Ostern finde ich …
- In der Karwoche sind mir folgende Traditionen wichtig …
- Karfreitag bedeutet für mich …
- An Gründonnerstag wurde früher …
- Palmsonntag ist ein Tag, an dem …

Schon gewusst?

Die Karwoche ist die Woche vor Ostern und gleichzeitig die letzte Woche der Fastenzeit. Sie beginnt am Palmsonntag, an dem Jesus der Bibel nach in Jerusalem eingezogen ist. Sie endet mit der Feier der Osternacht. In der Karwoche liegen neben dem Palmsonntag der Gründonnerstag, an dem das letzte Abendmahl gefeiert wird, der Karfreitag, an dem des Leidens und Sterbens Jesu gedacht wird, und der Karsamstag, der als der Tag der Grabesruhe gilt und mit der Feier der Osternacht die Karwoche beendet. In der Osternacht wird die Auferstehung Jesu gefeiert.

Die Karwoche ist im Christentum eine ruhige Woche, in der laute Feierlichkeiten ausgesetzt sind und viele Gottesdienste gefeiert werden. Zwischen dem Gloria beim letzten Abendmahl am Gründonnerstag und dem Gloria in der Osternacht läuten keine Kirchenglocken. In einigen Kirchen schweigt in dieser Zeit auch die Orgel.

In vielen Familien wird in der Karwoche traditionell das Osterfest vorbereitet.

Palmstecken binden

Dekoration

Am Palmsonntag gedenken Christen dem Einzug Jesu nach Jerusalem. Jesus wurde nach Überlieferung der Bibel von den dort lebenden Menschen mit Palmwedeln freudig begrüßt. Am Palmsonntag werden nun traditionell „Palmwedel", die an dieses Ereignis erinnern sollen, mit Weihwasser gesegnet und nach dem Gottesdienst und der anschließenden Prozession mit nach Hause genommen.

Material

- Zweige aus der Natur zum Binden (z.B. Buchsbaum, Wacholder, Eibe)
- pro Person 1 Stab zum Festhalten (z.B. starker Ast oder Bambusstab)
- Draht
- Zange
- Gartenschere
- farbiges Krepppapier
- Scheren
- Geschenkband

So wird's gemacht

1. Arrangieren Sie die Zweige um den Stab und umwickeln Sie diese mit Draht, um sie zu befestigen. Sie können die Zweige davor auf die gleiche Länge zurechtschneiden.
2. Schneiden Sie das Krepppapier in Streifen. Umwickeln Sie den Draht mit den Krepppapierstreifen, sodass er nicht mehr zu sehen ist.
3. Verzieren Sie auch die Zweige mit den bunten Bändern oder mit Geschenkbändern.

Speisen & Getränke

Ostereier mit Naturfarben färben

Das Ostereierfärben nahm früher in der Karwoche in vielen Familien einen besonderen Stellenwert ein. Es ist eine lange Tradition, die über Generationen hinweg gepflegt und weitergegeben wurde. Eier für das Osterfest können mit spezieller Farbe in Töpfen oder Schalen gefärbt oder mit einem Pinsel bemalt bzw. verziert werden. Der Fantasie sind dabei keine Grenzen gesetzt.

Eine wunderbare Alternative sind Naturfarben, die aus Pflanzen selbst hergestellt werden. Das schafft eine Verbindung zur Natur, eine besondere Teilhabe am Schaffungsprozess und schöne, greifbare und individuelle Ergebnisse.

Hier eine Anleitung, wie Sie mit den Seniorinnen und Senioren gemeinsam Ostereier mit Naturfarben färben können.

Material

- 4 alte Töpfe
- Wasser
- mind. 50 g Spinat + mind. 50 g Brennnessel (für grün gefärbte Eier)
- 3 bis 4 Knollen rote Bete (für rot gefärbte Eier)
- ca. 300 g Zwiebelschalen (für braun gefärbte Eier)
- weiße Eier
- Sieb zum Abseihen
- Löffel
- Abtropfgitter / Küchenpapier
- Speckschwarte

1. Für die Naturfarben wird zuerst ein Sud angesetzt. Dafür pro Topf ungefähr einen Liter Wasser aufkochen. In den ersten Topf den Spinat und die Brennnessel geben, in den nächsten die kleingeschnittene rote Bete und in den dritten die Zwiebelschalen. Je mehr von den Zutaten in dem Wasser ist, desto kräftiger werden später die Farben. Die Pflanzenteile werden ungefähr 30 bis 45 Minuten ausgekocht.

2. Parallel können die Eier in einem großen Topf hart gekocht werden. Wenn sie beim anschließenden Färben noch warm sind, nehmen sie die Farbe besser auf.

✷ Vorsicht beim Umgang mit heißem Wasser. Überlegen Sie genau, wobei die Teilnehmenden gefahrlos helfen können und welche Aufgaben Sie lieber selbst übernehmen.

3. Spinat und Brennnessel, rote Bete und die Zwiebelschalen aussieben, dann die Eier zum Färben in den Sud legen. Je länger sie in dem farbigen Wasser liegen, desto intensiver wird die Farbe.
4. Wenn die gewünschte Farbintensität erreicht ist, die Eier mit einem Löffel aus dem Sud heben und auf ein Abtropfgitter oder auf Küchenpapier legen.
5. Vollständig trocknen lassen und auf Wunsch mit einer Speckschwarte einreiben. Dies verleiht ihnen einen besonderen Glanz.

Ostern

Zum Einstieg

- Zu einem Osterfest gehört …
- Symbole, die für mich untrennbar mit dem Osterfest verbunden sind, …
- Einen Ostergottesdienst habe ich …
- Das Osterfrühstück ist für mich …
- Ein Osterfeuer bedeutet mir …
- Gekochte Eier esse ich …

Schon gewusst?

Im Christentum ist Ostern ein Hochfest und der Beginn der 50-tägigen Osterzeit. Es wird am Sonntag nach dem ersten Frühlingsvollmond gefeiert. Der Ostersonntag schließt sich an die Karwoche an. Traditionell wird am Abend des Karsamstags oder in den frühen Morgenstunden des Ostersonntags im Rahmen der Osternachtfeier der Auferstehung Jesu gedacht.

Bräuche und Traditionen zu Ostern sind neben dem Besuch der feierlichen Gottesdienste das Backen von Osterlämmern und das Verstecken von Ostereiern für die Kinder. Neben hart gekochten und gefärbten Hühnereiern werden auch die verschiedensten Süßigkeiten in Form von Eiern, Hasen und Küken versteckt. Nicht nur die ganz jungen Familienmitglieder haben ihre Freude daran! Sträucher, Bäume oder einzelne Zweige werden mit bunten Ostereiern geschmückt, die zuvor ausgeblasen und verziert wurden. Auch Eier aus Holz oder aus Plastik können als Dekoration dienen.

Ein bekannter Wettbewerb ist das Ostereier-Titschen. Dabei halten zwei Gegner jeweils ein hart gekochtes Osterei in der Hand und schlagen die Spitzen der beiden Eier gegeneinander. Derjenige, dessen Ei zuerst kaputtgeht, hat verloren.

Buntes Osterfeuer

Dekoration

In vielen Regionen Deutschlands gehört das Abbrennen von Osterfeuern in der Osternacht zu den festen Traditionen. Das Osterfeuer ist ein Symbol für Licht und Wärme in der beginnenden Frühlingszeit. Früher gab es zwischen den Nachbardörfern Wettbewerbe, welches Dorf den höheren Holzstapel dafür aufgeschichtet hatte. Die Osterfeuer wurden die ganze Nacht über bewacht.

Gestalten Sie mit Ihren Seniorinnen und Senioren ein ganz eigenes Osterfeuer.

Kopiervorlage S. 150

Material

- Kopiervorlage: Flammen-Schablone
- Scheren
- rotes, orangefarbenes und gelbes Tonpapier
- Bleistifte
- Klebstoff
- pro Person 1 leere Papphülse einer Klopapierrolle oder einer Küchenrolle
- Mini-Lichterkette (z.B. 80 cm lang mit 10 LEDs)

So wird's gemacht

1. Die Kopien der Flammen-Schablonen werden ausgeteilt.
2. Die Schablonen werden ausgeschnitten und auf Tonpapier gelegt: die höchste Flamme auf das rote Tonpapier, die mittlere auf das orangefarbene Tonpapier und die niedrigste auf das gelbe Tonpapier. Die Schablonen mit dem Bleistift umfahren, dann die Flammen ausschneiden und der Größe nach übereinanderkleben, sodass der Eindruck eines züngelnden Feuers entsteht.
3. Die Flammen werden nun um die Papphülse herumgeklebt.

✳ Wenn Sie Papphülsen von Küchenpapier verwenden, müssen diese vorab gekürzt werden.

4. Zum Schluss die Lichterkette um die Papphülse herum dekorieren und einschalten. Dann den Schalter in der Papphülse verstecken.

Programm

Osterspaziergang mit „Schnitzeljagd"

Osterspaziergänge gehören gerade für den älteren Teil der Bevölkerung zum festen Feiertagsprogramm. Der klassische Osterspaziergang wird noch attraktiver, wenn man ihn mit einem kleinen Ratespiel kombiniert.

Kopiervorlage S. 152

Material

- Kopiervorlage: Ei-Schablone
- Tonkarton, farbig oder gemustert
- Stift
- Schere

So wird's gemacht

1. Schneiden Sie mithilfe der Schablone aus dem Tonkarton Ei-Formen aus und schreiben Sie auf jedes Ei ein Rätsel (s.u.).
2. Verstecken Sie die Eier an einer kleinen Spazierstrecke, die Sie hinterher mit den Seniorinnen und Senioren ablaufen. Am besten wählen Sie dafür leichte Verstecke aus, die man mit den Augen entdecken kann. Der gewählte Weg kann innerhalb eines Gebäudes oder auch außerhalb liegen.
3. Laufen Sie mit den Teilnehmenden die vorbereitete Spazierstrecke ab. Weisen Sie sie darauf hin, dass sie dabei „Ostereier suchen" und ein wenig rätseln dürfen. Wer ein Ei findet, darf das Rätsel darauf vorlesen. Geben Sie den Hinweis: In jedem Lösungswort sind die Buchstaben **Ei** enthalten.
4. Die Gruppe versucht nun gemeinsam zu erraten, welcher Begriff gesucht wird.

Rätsel

1. Welches Getreide ist in Asien das wichtigste Grundnahrungsmittel?
2. Welches Insekt gilt als sehr stark, bildet Staaten und kommt auf fast allen Kontinenten vor?
3. Welches Schreibgerät enthält heutzutage nicht mehr das, wonach es benannt wurde?
4. Welches „Rauschmittel" gehört für viele Menschen zu einem edlen Essen dazu?

5. Was nimmt einem ein Priester ab?
6. Unter welchen Bäumen wurde früher häufig Gericht gehalten?
7. Für welches Streichinstrument wird ein Kinnhalter benutzt, um dem Musizierenden das Spielen zu erleichtern?
8. Welches Gerät, an dem man heraufsteigen kann, hat Sprossen?
9. In welchem Druckerzeugnis kann man Nachrichten lesen?

Lösungen

1. Reis
2. Ameise
3. Bleistift
4. Wein
5. Beichte
6. Eichen
7. Geige
8. Leiter
9. Zeitung

Walpurgisnacht - Tanz in den Mai - 1. Mai

Zum Einstieg

- In den Mai tanzen, erinnert mich an ...
- Einen Maibaum aufzustellen, ist ...
- In der Tanzschule war ich ...
- Tanzen bedeutet mir ...

Schon gewusst?

Der „Tanz in den Mai" ist ein Brauch, der mit viel Hoffnung und Zuversicht verbunden ist. Je nach Region löste er nach und nach die Feier der Walpurgisnacht ab, die mit dem Tanz der Hexen verbunden ist und bis ins Mittelalter zurückreicht. Große Bekanntheit hat der Hexentanz bis heute durch die Szene „Walpurgisnacht" in Goethes „Faust" erlangt. Ende des 19. Jahrhunderts wurde in Deutschland die erste Walpurgisnacht auf dem Blocksberg (eigentlich Brocken) im Harz gefeiert.

Der Name „Walpurgisnacht" leitet sich von der heiligen Walburga ab, deren Gedenktag der 1. Mai ist. Sie gilt als die Schutzpatronin der Seeleute, Kranken und Bauern und als Schutzheilige gegen Krankheiten, Hungersnöte und Seuchen.

In der Walpurgisnacht werden sogenannte Hexenfeuer oder Maifeuer entfacht, mit denen der Tradition nach böse Geister vertrieben werden sollten. Zwischen zwei Maifeuern hindurchzugehen, sollte Seuchen fernhalten. Springen zwei Verliebte über ein Maifeuer, so machen sie den sogenannten Maisprung, dies war früher ein Zeichen für die Verlobung.

Mit dem „Tanz in den Mai" beginnt die warme Jahreszeit. In manchen Regionen, gerade in ländlich gelegenen Orten, wird im Dorfkern ein Maibaum aufgestellt. In der Nacht zum 1. Mai begrüßt man den Wonnemonat mit Tanz, Gesang und selbst gemachter Maibowle.

Ein weiterer Brauch in den ländlichen Regionen besteht darin, dass die jungen Männer in der Nacht zum 1. Mai ihrer Liebsten einen Maibaum vor die Tür stellen - meist eine junge Birke. Dabei müssen sie aufpassen, dass nicht ein anderer Verehrer den Baum wegnimmt und seinen eigenen aufstellt. Auch der Maibaum auf dem Marktplatz sollte mitunter gut bewacht werden, damit er nicht von der Dorfjugend des Nachbardorfes gestohlen wird.

Waldmeister-Bowle

Speisen & Getränke

Die traditionelle Waldmeister-Bowle darf bei keiner Tanz-in-den-Mai-Feier fehlen. Bereiten Sie die Bowle mit den Seniorinnen und Senioren gemeinsam zu, und setzen Sie sich anschließend zusammen, um davon zu probieren. Diejenigen, denen es schmeckt, dürfen auch gerne ein Gläschen mehr trinken: Die Bowle enthält keinen Alkohol.

Binden Sie die Teilnehmenden so viel wie möglich in die Zubereitung der Bowle mit ein. Sollte die Zeit für die komplette Vorbereitung nicht ausreichen, bereiten Sie den Apfelsaft mit dem Waldmeister im Vorfeld zu. Die Bowle wird dann gemeinsam mit den Seniorinnen und Senioren aufgefüllt und abgeschmeckt.

Das wird benötigt

- 1 l Apfelsaft
- frischer Waldmeister (z.B. auf dem Markt oder in Gärtnereien erhältlich)
- 1 l Mineralwasser oder Zitronenlimonade
- Waldmeistersirup oder 2 EL brauner Zucker
- 1 bis 2 EL Zitronensaft, je nach Geschmack
- Eiswürfel
- Bowle-Gefäß oder große Schüssel
- Bowle-Gläser
- Kelle

So wird's gemacht

1. Apfelsaft in ein Bowle-Gefäß gießen.
2. Den Waldmeister als Bündel zusammenbinden und kopfüber in das Bowle-Gefäß hängen. Die Mischung darf nun ein bis zwei Stunden im Kühlschrank ziehen.
3. Danach den Waldmeister aus dem Apfelsaft nehmen und die Bowle mit dem Mineralwasser oder der Zitronenlimonade auffüllen.
4. Nach Geschmack Waldmeistersirup, Zucker und den Zitronensaft dazugeben und die Bowle abschmecken.
5. Zum Schluss Eiswürfel hineingeben. Gut gekühlt schmeckt die Bowle besonders lecker und erfrischend.

Programm

Sitztanz in den Mai

Wer sagt denn, dass man nur dann in den Mai tanzen kann, wenn man noch gut zu Fuß ist? - Gestalten Sie einen passenden Sitztanz zu dem bekannten Lied „Der Mai ist gekommen". Unsere Vorschläge für Bewegungen finden Sie unter den Textzeilen von Strophe 1. Sie werden für jede weitere Strophe genauso wiederholt.

Sie können sowohl die Bewegungsabläufe als auch den Bewegungsumfang flexibel an die Ressourcen der Mitmachenden anpassen. Lassen Sie einzelne Bewegungen bei Bedarf weg, wiederholen Sie eine der Bewegungen die ganze Strophe hindurch oder klatschen Sie zwischendurch einfach im Takt.

Singen Sie gerne gemeinsam mit oder spielen Sie das Lied über einen Lautsprecher ab. Tanzen Sie zu „Der Mai ist gekommen" fröhlich in den Mai hinein …

Der Mai ist gekommen

1. Der Mai ist gekommen,

- *„Der Mai ist": Die Arme über die Seiten nach oben führen, bis die Handinnenflächen sich berühren.*
- *„gekommen": Die Hände in der Position nach unten nehmen, bis sie auf Brusthöhe sind.*

die Bäume schlagen aus.

- *die Arme seitlich ausstrecken, die Handflächen zeigen nach oben*

Da bleibe, wer Lust hat,
- *im Takt auf der Stelle gehen, die Oberschenkel dabei anheben*

mit Sorgen zu Haus!
- *im Takt klatschen*

Wie die Wolken dort wandern
- *mit den Armen Wellenbewegungen vor dem Körper machen*

am himmlischen Zelt,
- *Arme nach vorn ausgestreckt von oben nach unten führen und dabei die Finger bewegen („es regnen lassen")*

So steht auch mir der Sinn
- *einmal das rechte, dann das linke Bein ausstrecken und wieder anziehen*

in die weite, weite Welt
- *mit beiden Händen fiktiv etwas anheben und in die Höhe heben*

Führen Sie dieselben Bewegungsabläufe bei den folgenden Strophen aus.

2. Herr Vater, Frau Mutter,
dass Gott euch behüt'!
Wer weiß, wo in der Ferne
mein Glück mir noch blüht;
es gibt so manche Straße,
da nimmer ich marschiert,
es gibt so manchen Wein,
den ich nimmer noch probiert.

3. Frisch auf drum, frisch auf drum
im hellen Sonnenstrahl!
Wohl über die Berge,
wohl durch das tiefe Tal!
Die Quellen erklingen,
die Bäume rauschen all;
mein Herz ist wie 'ne Lerche
und stimmet ein mit Schall.

4. Und abends im Städtlein,
da kehr ich durstig ein.
Herr Wirt, Herr Wirt,
eine Kanne blanken Wein.
Ergreife die Fiedel,
du lust'ger Spielmann, du,
von meinem Schatz das Liedel,
das sing ich dazu.

5. Und find ich keine Herberg,
so lieg ich zur Nacht
wohl unter blauem Himmel,
die Sterne halten Wacht.
Im Winde die Linde
die rauscht mich ein gemach,
es küsset in der Früh
das Morgenrot mich wach.

6. O Wandern, o Wandern,
du freie Burschenlust!
Da wehet Gottes Odem
so frisch in die Brust;
da singet und jauchzet
das Herz zum Himmelszelt:
Wie bist du doch so schön,
o du weite, weite Welt!

Zum Vorlesen

Der Mai gilt als der Wonnemonat, der Monat der Verliebten, der Hoffnung und Zuversicht. Die Maisonne lacht, die Luft wird wärmer, die Menschen werden offener und fröhlicher. Lesen Sie das abgedruckte Gedicht in gemütlicher Atmosphäre vor. Einige Seniorinnen und Senioren kennen den Text wahrscheinlich und können ihn mitsprechen.

Sie können das Gedicht auch von Vornherein als Mitsprechgedicht vorlesen. Lassen Sie dabei in jeder zweiten Zeile das letzte Wort weg und fordern Sie die Zuhörenden auf, es zu ergänzen.

Zum Reigen herbei
August Heinrich Hoffmann von Fallersleben (1798-1874)

Zum Reigen herbei
im fröhlichen Mai!
Mit Blüten und Zweigen
bekränzt euch zum Reigen!
Im fröhlichen Mai
zum Reigen herbei!

Zum Reigen herbei!
Mit Jubelgeschrei
die Vögel sich schwingen.
Sie rufen und singen
mit Jubelgeschrei.
Zum Reigen herbei!

Juchheißa, juchhei!
Wie schön ist der Mai!
Wir haben's vernommen,
wir kommen, wir kommen,
wie schön ist der Mai!
Juchheißa, juchhei!

Zweiter Maisonntag Muttertag

Zum Einstieg

- Wenn ich an Muttertag denke, fällt mir ein …
- Einen Tag, um Mütter zu ehren, finde ich …
- Schöne Geschenke für Mütter sind …
- Die Aufgaben einer Mutter sind …

Schon gewusst?

Muttertag wird zu Ehren der Mütter am zweiten Sonntag im Mai gefeiert. Er entstand aus Frauenbewegungen in England und den USA Ende des 19. Jahrhunderts. Sie setzten sich für Friedensprojekte und Frauenrechte ein und forderten bessere Bildungschancen für Mädchen.

1923 wurde der Muttertag das erste Mal in Deutschland gefeiert. Initiator war damals der „Verband Deutscher Blumengeschäftsinhaber". Bis heute werden in vielen Familien Blumen an die Mütter verschenkt - so mancher Strauß kommt auch von den Ehemännern oder Partnern. Von ihren Kindern bekommen die Mütter in vielen Familien neben Blumen kleine gebastelte Geschenke, selbst gebackenen Kuchen, Pralinen oder Hilfe bei der Hausarbeit.

Wie und mit welcher Intensität der Muttertag gefeiert wird, ist von Familie zu Familie und von Region zu Region unterschiedlich. In manchen Familien wird er mit kleinen oder großen festlichen Kaffeerunden gefeiert, in anderen ist es vielleicht ein ganz normaler Sonntag im Mai.

Speisen & Getränke

Kuchen in Herzform

Einen Kuchen für jemanden zu backen, ist etwas sehr Persönliches und Leckeres zugleich. Ein Kuchen lädt dazu ein, sich am Kaffeetisch zusammenzufinden und gemeinsam Zeit zu verbringen.

Backen Sie in Anlehnung an den Muttertag mit den Seniorinnen und Senioren einen Kuchen in Herzform. Verzieren Sie ihn nach Geschmack und Belieben und treffen Sie sich, nachdem der Zuckerguss getrocknet ist, zu einem festlichen Kaffeetrinken.

Dekorieren Sie den Kaffeetisch mit ein paar Blumen und hübschen Servietten. Beziehen Sie in der Planung der Dekoration die mitmachenden Seniorinnen und Senioren gerne mit ein.

Das wird benötigt

- 175 g Margarine
- 175 g Zucker
- 3 Eier
- 1 Prise Salz
- 1 Pck. Vanillezucker
- 175 g Mehl
- ½ Pck. Backpulver
- Puderzucker für den Zuckerguss
- Wasser
- Lebensmittelfarbe in Rot
- Dekoration für den Kuchen: z.B. bunte Streusel, Esspapier-Blumen oder Zuckerherzen
- Rührschüssel
- Handrührgerät
- Backpinsel
- Kuchenbackform in Herzform / Backblech
- Messer
- Teigschaber
- Löffel
- Holzstab

So wird's gemacht

Lassen Sie sich von den Seniorinnen und Senioren, wenn möglich, beim Backen gerne unterstützen.

1. Margarine, Zucker, Eier, Salz und Vanillezucker in eine Rührschüssel geben und mit dem Handrührgerät verrühren.
2. Mehl mit dem Backpulver vermischen und das Backpulver-Mehl-Gemisch nach und nach zum Teig geben. Die Zutaten so lange verrühren, bis ein glatter Teig entsteht.
3. Die Herz-Kuchenform gleichmäßig einfetten. Wenn Sie keine Backform in Herzform haben, geben Sie den Teig auf ein kleines Backblech, aus dem Sie nach dem Backen mit einem Messer ein Herz ausschneiden können.
4. Den Kuchen für ungefähr 40 Minuten bei 180 °C Ober-/Unterhitze backen. Mit einem Holzstäbchen testen, ob der Kuchen innen gar ist. Lassen Sie auch diesen Schritt gerne eine/-n Ihrer Seniorinnen und Senioren machen, denn sie kennen ihn aus ihrer Vergangenheit. Nehmen Sie dazu den Kuchen kurz aus dem Ofen, damit sich niemand verletzt. Beraten Sie gemeinsam, ob der Kuchen gar ist oder noch einige Minuten Zeit im Ofen braucht. Nehmen Sie ihn zum Schluss aus dem Ofen und lassen Sie ihn abkühlen.
5. Aus Puderzucker und etwas heißem Wasser Zuckerguss in der gewünschten Konsistenz anrühren. Ein paar Tropfen rote Lebensmittelfarbe hinzugeben. Damit kann der Zuckerguss von zartrosa über pink bis rot gefärbt werden, je nach Belieben.
6. Das Muttertagsherz nach Geschmack mit Zuckerstreuseln, Blumen aus Esspapier, Zuckerherzen o.Ä. dekorieren.

Mitsprechgedicht

Programm

Lesen Sie das folgende Muttertagsgedicht gerne nach einer gemütlichen Kaffeerunde oder in einer Begegnungsrunde vor. Lassen Sie dabei das Ende jeder zweiten Zeile weg und bitten Sie die Seniorinnen und Senioren, die Wörter so zu vervollständigen, dass sich die Zeilenpaare reimen. Ist ihnen dies nicht möglich, lesen Sie das Gedicht vollständig selbst vor.

Die Sonne lacht, der Mai ist da.
Der Tag wird einfach wunder...**bar**.

Die Luft ist warm, der Tisch gedeckt,
Geschenke sind noch gut ver...**steckt**.

Denn erst gibt's Frühstück, frisch gemacht,
da haben alle dran ge...**dacht**.

Mit frischem Obst in Schokolade,
Käse, Wurst und Marme...**lade**,

Kaffee, Tee und für die Kraft
'nem Glas mit frisch gepresstem ... **Saft**.

Mama sieht zufrieden aus,
umfasst gerührt den Blumen...**strauß**,

lauscht dem Muttertagsgedicht
mit 'nem Tränchen im ... **Gesicht**,

spürt fest in all unsren Geschenken,
dass wir immer an sie ... **denken**.

Moritz hat ein Bild gemalt,
auf dem die gelbe Sonne ... **strahlt**.

Jule schenkt drei rote Kerzen
für Wärme stets in Mamas ... **Herzen**.

Zum Naschen zwischen den Terminen
schenkt Ben ihr köstliche ... **Pralinen**.

Mama strahlt, ist reich beschenkt:
„Schön ist's, wie ihr an mich ... **denkt**."

Christi Himmelfahrt - Vater- und Herrentag

Zum Einstieg

- Christi Himmelfahrt ist für mich …
- Typische Aktivitäten am Herrentag sind …
- Vätern kann man eine Freude machen, indem …

Schon gewusst?

Am 40. Tag der Osterzeit wird Christi Himmelfahrt gefeiert. An diesem Tag ist der auferstandene Jesus der Überlieferung nach zu Gott in den Himmel aufgefahren. Im Rahmen der Gottesdienste gab es am Himmelfahrtstag früher besonders feierliche Prozessionen, bei denen man um den göttlichen Segen für die Früchte der Erde betete. In Deutschland ist Christi Himmelfahrt ein gesetzlicher Feiertag und fällt immer auf einen Donnerstag.

Seit einigen Jahrzehnten hat sich zusätzlich zu dem christlichen Feiertag der sogenannte Vatertag oder Herrentag etabliert. Zu diesem Brauchtum gehören Wanderungen - zum Teil mit Bollerwagen, die Picknick und reichlich Getränke enthalten. Die Wanderungen finden in der Regel nur unter Männern statt und gehen nicht selten mit ausgiebigem Alkoholgenuss einher.

Malen zu Christi Himmelfahrt

Programm

Kopiervorlage S. 151

Christi Himmelfahrt ist ein Fest, das man dazu nutzen kann, zur Besinnung zu kommen. Beim Ausmalen eines Bildes können die Gedanken fließen, und man kommt zur Ruhe. Legen Sie Farbstifte bereit und **kopieren** Sie vorab die **Malvorlage** in ausreichender Anzahl.

Zum Vorlesen: Bewegungsgeschichte

Lesen Sie die folgende Bewegungsgeschichte langsam vor. Immer, wenn das Signalwort „Vater" genannt wird, machen alle gemeinsam eine vorher festgelegte Bewegung, zum Beispiel mit einem Becher anstoßen oder in die Hände klatschen. Fragen Sie die Seniorinnen und Senioren nach ihren Vorschlägen.

Betonen Sie beim Vorlesen das Signalwort besonders, und machen Sie die vereinbarte Bewegung, wenn nötig, mit den Seniorinnen und Senioren zusammen.

Vater und Sohn

Lukas durfte gestern das erste Mal mit seinem **Vater** zur Vatertagswanderung gehen. Er war so aufgeregt, dass er in der Nacht davor kaum geschlafen hatte. Immer und immer wieder musste sein **Vater** in sein Zimmer kommen und ihm die Bettdecke umdrehen, das Fenster auf- oder zumachen oder den Wasserbecher auffüllen. Lukas hatte vor Aufregung einen ganz trockenen Hals.

Geduldig erfüllte sein **Vater** ihm alle Wünsche. Und endlich, kurz vor Mitternacht war Lukas eingeschlafen.

Verschlafen blinzelte er am nächsten Morgen, als sein **Vater** die Jalousien öffnete. Zunächst wollte er sich über das grelle Sonnenlicht beschweren. Als er aber seinen **Vater** sah, der startbereit vor seinem Bett stand, erinnerte er sich, welcher Tag es war.

Lukas sprang aus seinem Bett und zog sich, so schnell er konnte, an. Sein **Vater** traute seinen Augen kaum, als Lukas auf einmal am Tisch saß. So flott ging das in der Regel nicht! Der **Vater** goss sich eine Tasse Kaffee ein und gab Lukas die Milch für seinen Kakao. So frühstückten **Vater** und Sohn zusammen und machten sich alsbald auf den Weg zu ihrem Treffpunkt.

Die Sonne schien warm von einem wolkenlosen Himmel herab. Lukas und sein **Vater** waren im T-Shirt unterwegs und jeder trug einen Rucksack auf dem Rücken. Am Feld warteten schon die anderen, die mit ihnen wandern wollten. Jeder **Vater** hatte seinen Sohn dabei, jeder Sohn seinen **Vater**. Und so gingen sie, als alle versammelt waren, gemeinsam durch die Felder.

Es war ein herrlicher Tag. **Vater** und Sohn streiften durch Felder und Wiesen und genossen die Zeit mit den anderen **Vätern** und Söhnen. Es wurde getobt und geklettert, gewandert und gespielt. Mittags gab es Grillwürstchen und kalte Getränke auf einem großen Grillplatz. Lukas spielte ausgiebig mit den anderen Jungs, verbrachte aber auch viel Zeit mit seinem **Vater**.

Am späten Nachmittag gab es ein großes Fußballspiel unter dem Motto: **Vater** gegen Sohn. Natürlich gewannen die Söhne! „So schnell wie ihr kann ja kein Mensch auf der Welt rennen!", sagte Lukas' **Vater**, als sie schließlich auf dem Nachhauseweg waren.

Lukas schaute seinen **Vater** verschmitzt an: „Das war ein schöner Tag, Papa!" Sein **Vater** schaute Lukas gerührt an und strich ihm über das Haar: „Ja, das fand ich auch, Lukas! Das machen wir im nächsten Jahr wieder zusammen ..."

Zufrieden und erfüllt von einem ausgefüllten und wunderschönen Tag gingen **Vater** und Sohn heimwärts ...

Pfingsten

Zum Einstieg

- Mit Pfingsten verbinde ich …
- Zu einem Pfingstfest gehört …
- Ein Pfingstochse ist …
- Die Taube ist ein Symbol für Pfingsten, weil …

Schon gewusst?

Am 50. Tag nach Ostern wird bei den Christen Pfingsten gefeiert. Es ist das Fest des Heiligen Geistes: Der Bibel nach empfingen die Jünger Jesu an diesem Tag den Heiligen Geist. Dadurch konnten sie plötzlich mehrere Sprachen sprechen, um möglichst vielen Menschen das Evangelium zu verkünden. Dies nennt man auch das „Pfingstwunder".

Das Pfingstfest gilt als der Geburtstag der Kirche, an dem gefeiert wird, dass die Jünger begannen, die Botschaft des Evangeliums in die Welt hinauszutragen.

Heute ist die Bedeutung des Pfingstfestes nicht mehr allen Menschen bekannt. Manche alten Bräuche werden nur noch in ländlichen Gegenden aufrechterhalten. Den „Pfingstochsen", der zu Pfingsten prächtig geschmückt auf die Weide geführt wird, kennt man aber heute noch. Auch, dass die Taube ein Symbol für den Heiligen Geist ist, ist vielen Menschen noch bekannt - und schlug sich früher sogar auf dem feiertäglichen Speiseplan nieder, der kurioserweise gebratene Tauben vorsah.

Programm

Zum Vorlesen: Die Pfingstgeschichte

Die Jünger Jesu hatten sich versammelt und wollten miteinander das jüdische Erntedankfest feiern und besprechen, wie es ohne Jesus weitergehen sollte. Sie waren traurig, kraft- und mutlos. Doch plötzlich hörten sie ein lautes Brausen und Rauschen. Sie kauerten sich ängstlich zusammen. Auf einmal kamen Flammen vom Himmel auf sie hernieder. Mit den Flammen kam der Heilige Geist, der sich in ihnen ausbreitete und keinen Platz für Traurigkeit und Angst ließ. Sie spürten die Kraft des Heiligen Geistes und wussten mit einem Mal genau, was sie zu tun hatten: Sie fingen an, die Botschaft Jesu zu verkünden.

Menschen kamen von überallher, um ihnen zuzuhören. Das Verwunderliche war, dass sie alle in verschiedenen Sprachen redeten, aber jeder die Worte der Jünger verstehen konnte.

Die Menschen deuteten die Vorkommnisse als ein Wunder, und viele nahmen den christlichen Glauben an. Die erste christliche Gemeinde war entstanden.

Zusammen singen

Das folgende bekannte Volkslied aus dem Berliner Raum wurde schon früher auf Wanderungen und Ausflügen gesungen. Viele Seniorinnen und Senioren werden den Text noch kennen. Er ist bis heute fester Bestandteil der „Mundorgel", eines kleinen roten Büchleins mit Liedtexten, das auf keinem Ausflug und keiner Ferienfreizeit fehlen durfte.

Bolle reiste jüngst zu Pfingsten

1. Bolle reiste jüngst zu Pfingsten
nach Pankow war sein Ziel,
da verlor er seinen Jüngsten
ganz plötzlich im Gewühl;
'ne volle halbe Stunde
hat er nach ihm gespürt,
aber dennoch hat sich Bolle
ganz köstlich amüsiert!

2. Zu Pankow gab's kein Essen,
zu Pankow gab's kein Bier.
War alles aufgefressen
von fremden Gästen hier,
nicht mal 'ne Butterstulle
hat man ihm reserviert,
aber dennoch hat sich Bolle
ganz köstlich amüsiert!

3. Auf der Schönholzer Heide
da gab's 'ne Keilerei.
Und Bolle, gar nicht feige,
war mittenmang dabei!
Das Messer rausgerissen
und fünfe massakriert,
aber dennoch hat sich Bolle
ganz köstlich amüsiert!

4. Es fing schon an zu tagen,
als er sein Heim erblickt,
das Hemd war ohne Kragen,
das Nasenbein geknickt,
das rechte Auge fehlte,
das linke marmoriert,
aber dennoch hat sich Bolle
ganz köstlich amüsiert!

5. Als er nach Haus gekommen,
da ging's ihm aber schlecht,
seine Frau hat ihn genommen
und fürchterlich verdrescht.
Drei volle Viertelstunden
hat sie auf ihm poliert,
aber dennoch hat sich Bolle
ganz köstlich amüsiert!

6. Unser Bolle wollte sterben
und hat sich's überlegt.
Er hat sich auf die Schienen
der Kleinbahn draufgelegt.
Die Kleinbahn hat Verspätung
und vierzehn Tage drauf,
Da fand man unsern Bolle
als Dörrgemüse auf.

11.–15. Mai
Die Eisheiligen

Zum Einstieg

- Die Eisheiligen haben für mich die Bedeutung …
- Die Namen der Eisheiligen lauten …
- Die „Kalte Sophie" ist …
- Die Eisheiligen sind ein Zeichen dafür, dass …

Schon gewusst?

Wenn Mitte Mai die „Eisheiligen" vorüber sind, dann kann endlich der Sommer kommen. Die Tage der Eisheiligen dauern vom 11. bis 15. Mai. Durch alte Bauernregeln sind diese Tage mit den letzten Frostnächten im Frühling verbunden. Besonders die „Kalte Sophie", die letzte der Eisheiligen, ist den meisten Seniorinnen und Senioren ein Begriff. Ihr Namenstag ist der 15. Mai. Er gilt vielen Menschen bis heute als Stichtag, nach dem Pflanzen nach draußen gesetzt werden können.

In der katholischen Kirche sind die Eisheiligen die Gedenktage der Schutzheiligen Mamertus, Pankratius, Servatius, Bonifatius und Sophia.

Programm

Gedankenaustausch

Die Tage der Eisheiligen bieten sich an, um über das Gartenjahr und alte Bauernregeln zu sprechen und um sich an die fünf Schutzheiligen zu erinnern, die ihre Gedenktage in dieser Zeit haben. Vielleicht kennt noch jemand die Bedeutung dieser Heiligen?

10. Mai	**St. Mamertus**	Er wurde um Beistand gebeten bei Brust- und Fiebererkrankungen.
12. Mai	**St. Pankratius**	Er ist der Patron der jungen Saat und der Blüten.
13. Mai	**St. Servatius**	Es wurde um Hilfe gebeten bei Rheuma, bei Frostschäden und Rattenplagen.
14. Mai	**St. Bonifatius**	Er gilt als der „Wohltäter". Patron der Bierbrauer, Feilenmacher und Schneider.
15. Mai	**St. Sophia (Kalte Sophie)**	Sie wurde gegen späten Frost auf den Feldern angerufen und für das gute Gedeihen der Ernte.

Die Eisheiligen

Im schönen Wonnemonat Mai,
kommen diese Fünf vorbei.
Mamertus führt die Fünfe an,
ein Bischof war der gute Mann.
Um Gottes Segen zu erlangen,
ist er zur Prozession gegangen.

Drei Bittgänge, die führt' er ein
und wirkte Wunder, nicht zu klein,
Die Feuerbrunst, er hielt sie auf.
Pankratius folgt gleich darauf.
Als Märtyrer wird er verehrt,
auf Bildern trägt er oft ein Schwert.

Servatius, der fromme Mann,
hat auf Bildern Holzschuh' an.
Bischof in Belgien, das war er,
sagte den Einfall der Hunnen vorher.

Bonifatius, der vierte Mann,
fing nicht als Christ im Leben an.
Doch er bekehrte sich schon bald,
der Glaube gab im Pech ihm Halt.

Wer fehlt jetzt noch? Es ist die Frau,
die **Sophia**, ja, genau!
Kalte Sophie auch genannt,
sie ist weit und breit bekannt.
Schon mancher Bauer durch sie lernte
zu bitten für die gute Ernte.

Bauernregeln rund um die Eisheiligen

Vielleicht kennen die Seniorinnen und Senioren, mit denen Sie arbeiten, einige alte Bauernregeln rund um die Eisheiligen. Fragen Sie sie danach.

Das Erinnern mag leichter fallen, wenn Sie die erste Hälfte der folgenden Bauernregeln vorlesen und von den Teilnehmenden ergänzen lassen.

Wenn gar keine Bauernregel zu den Eisheiligen bekannt ist, können Sie die Sprüche ganz vorlesen oder nur das letzte Wort bzw. die beiden letzten Wörter weglassen. Die Teilnehmenden können dann erraten, wie die Bauernregel weitergeht.

- Ist Sankt Pankratius schön, wird guten Wein man sehn.
- Mamertius, Pankratius, Servatius bringen oft Kälte und Verdruss.
- Pankraz, Servaz, Bonifaz machen erst dem Sommer Platz.
- Pankrazi, Servazi und Bonifazi
sind drei frostige Bazi.
Und zum Schluss fehlt nie
die Kalte Sophie.
- Pankraz und Servaz sind zwei böse Brüder, was der Frühling gebracht, zerstören sie wieder.
- Pflanze nie vor der Kalten Sophie.
- Mamerz hat ein kaltes Herz.
- Die Kalte Sophie macht alles hie.
- Vor Bonifaz kein Sommer, nach der Sophie kein Frost.
- Vor Nachtfrost du nie sicher bist, bis Sophie vorüber ist.
- Wenn's an Pankratius gefriert, so wird im Garten viel ruiniert.
- Servaz muss vorüber sein, will man vor Nachtfrost sicher sein.

27. Juni Siebenschläfertag

Zum Einstieg

- Ich kenne den Siebenschläfertag, weil …
- Wenn es am Siebenschläfertag regnet, …
- An einem Siebenschläfertag in der Vergangenheit …
- In einem Jahr hat sich die Bauernregel zum Siebenschläfertag bewahrheitet, als …

Schon gewusst?

Der Siebenschläfertag geht auf den Gedenktag der sieben Schläfer von Ephesus zurück. In der Legende wurden sieben Christen zur Zeit der Christenverfolgung nach ihrer Flucht in eine Höhle eingemauert und nach 195 Tagen lebendig befreit.

Zum Siebenschläfertag gehören zahlreiche Bauernregeln, die im Grunde dasselbe bedeuten: Wenn es am Siebenschläfertag regnet, wird es in den darauffolgenden sieben Wochen ebenfalls Regen geben.

Programm

Bauernregel-Quiz

Wer kennt sich mit den Bauernregeln rund um den Siebenschläfertag aus? Wir haben ein kleines Quiz vorbereitet, in dem wir die bekanntesten Bauernregeln rund um die Siebenschläfer und den Regen in der Mitte geteilt haben. Die Aufgabe für die Seniorinnen und Senioren besteht darin, die passenden Teilsätze zusammenzufügen.

Kopiervorlage S. 162–163

So wird's gemacht

1. **Kopieren** Sie die **Textkarten** und schneiden Sie sie auseinander. Eventuell können Sie die Karten auf farbigen Tonkarton kleben, sodass der Satzanfang beispielsweise rot hinterlegt ist, das Satzende dagegen blau.
2. Legen Sie die Kärtchen mit den Satzanfängen und den Satzenden in zwei Gruppen auf den Tisch. Erklären Sie den Teilnehmenden, dass jeweils eine Karte der einen Gruppe mit einer der anderen Gruppe zusammenpasst. Unterstützen Sie so viel wie nötig, aber so wenig wie möglich.

- Auch wenn den Teilnehmenden nicht alle Bauernregeln bekannt sind, können sie herausfinden, ob und wie die Teilsätze zusammenpassen: Die Bauernregeln sind in Reimform geschrieben, das heißt, dass sich das Satzende auf den Satzanfang reimen muss.

- Je nach Ressourcen der Mitmachenden passen Sie die Anzahl der zu erratenden Bauernregeln individuell an. Es gibt Gruppen, mit denen nur drei oder vier Redewendungen zusammengefügt werden können. Dieses Angebot reicht dann vollkommen aus.

Sommerereignis Schützenfest

Zum Einstieg

- Zu einem Schützenfest gehört …
- Ein Festzelt stelle ich mir typischerweise so vor, dass …
- Einen Schützenumzug kennzeichnet …
- Schützenkönig und Schützenkönigin sind …

Schon gewusst?

Schützenfeste sind Volksfeste, die von den Schützenvereinen der jeweiligen Region organisiert werden und bei denen im Rahmen des Festes ein Schützenkönig bzw. eine Schützenkönigin ermittelt wird.

Ursprünglich entstanden sind Schützenvereine im Mittelalter, um die Städte mittels Bürgerwehren vor Angriffen von außen zu schützen. Die Tradition dieser Vereine blieb vielerorts über die Jahre bestehen. Besonders im Raum Westfalen, in der westlichen Rheinregion, in Bayern, aber auch in Niedersachsen sind die Bräuche rund um Schützenvereine und Schützenfeste noch immer weit verbreitet. Wie gefeiert wird und in welchem Rahmen, ist regional sehr unterschiedlich. Meist dauern Schützenfeste mehrere Tage lang. Zu einem Schützenfest gehören üblicherweise auch Festumzüge und der Schießwettbewerb, nach dem dann der Schützenkönig ernannt wird. Heutzutage wird meist auf eine Vogelattrappe geschossen. König oder Königin ist, wer den Rumpf des Vogels spaltet oder den letzten Teil des Vogels abschießt.

Programm

Oft werden Schützenfeste besonders vorbereitet und die Straßen mit Fahnen und Wimpeln geschmückt, sodass auch die umliegenden Dörfer die Feierlichkeiten mitbekommen.

„Dosen-Schießen"

Bei einem Schützenfest ist die Krönung der Schützenkönigin oder des Schützenkönigs eine der Hauptattraktionen. Das möchten wir uns nicht entgehen lassen. Mit einer Armbrust auf einen hölzernen Vogel zu schießen, kommt natürlich für uns nicht infrage, deshalb stellen wir hier eine sicherere Variante für ein Schützenfest in einem Seniorenheim vor.

Matrial

- 6 bis 9 leere Konservendosen
- Malerkrepp
- 3 kleine Bälle, die mit einer Hand geworfen werden können
- Tisch zum Aufstellen der Dosen
- Flipchart und Edding
- selbst gebastelte Orden für die Siegerehrung (s. S. 78–79)

Auf das Zielen kommt es an: Anstelle des Schießens möchten wir einen Wurfwettbewerb mit den Seniorinnen und Senioren durchführen. Da wir am Ende eine Gewinnerin oder einen Gewinner brauchen, benötigen wir einen groben Plan, mit dem wir durch den Wettbewerb gehen.

So wird's gemacht

1. Bauen Sie die Dosen in Form einer Pyramide auf dem Tisch auf. Markieren Sie vor dem Tisch mit Malerkrepp eine Abwurflinie, von der aus die Teilnehmenden ihre Würfe machen sollen. Wie viele Dosen Sie für die Dosenpyramide benutzen und in welcher Entfernung zum Tisch Sie die Abwurflinie platzieren, legen Sie je nach Gruppenzusammensetzung und den Ressourcen der Teilnehmenden fest.
2. Begleiten Sie die Seniorinnen und Senioren, wenn nötig, zur Abwurflinie und geben Sie den Mitmachenden die benötigte Hilfestellung. Achten Sie auf die Sicherheit der Teilnehmenden. Auch Personen, die

im Rollstuhl sitzen, können selbstverständlich mitmachen. Schieben Sie dafür einfach den Rollstuhl an die Abwurflinie. Evtl. dürfen Rollstuhlfahrer beim Werfen auch ein Stück weiter vor als die anderen. Am besten sprechen Sie das vorher im Team ab.

3. Nun wird geworfen. Jeder hat pro Runde drei Würfe.
   1. Runde: Jeder wirft dreimal hintereinander mit einem Ball auf die Dosen. Auf dem Flipchart wird jeweils notiert, wie viele Dosen noch stehen geblieben sind.
   2. Runde: Die sechs Besten (oder vier Besten, je nach Gruppengröße) gehen in die nächste Runde. Auch hier gibt es wieder drei Würfe. Die Anzahl der Dosen, die stehen geblieben sind, werden wie in Runde 1 notiert.
   3. Runde: Die drei Besten (oder zwei Besten) dürfen nun noch einmal werfen. Unter ihnen wird die Schützenkönigin oder der Schützenkönig bestimmt. Es wird ebenfalls dreimal geworfen. Wer am wenigsten Dosen stehen lässt, ist die Siegerin oder der Gewinner. Sollte es einen Gleichstand geben, gibt es eine Runde extra als Stechen. Allerdings mit nur je einem Wurf. Wer mit einem Wurf die meisten Dosen herunterwirft, hat gewonnen.

✷ Je nach Ausdauer, Konzentration und den Ressourcen der Mitmachenden können Sie das Wettwerfen selbstverständlich leichter oder schwieriger gestalten.

4. Nach dem Wettbewerb folgt eine feierliche Siegerehrung. Stecken Sie dafür der Schützenkönigin oder dem Schützenkönig einen Orden (s.u.) an (oder verleihen Sie diesen ohne Anstecken) und gratulieren Sie. Sie können auch den zwei Besten einen Orden verleihen.
5. In Gruppen, in denen Wettbewerbe dieser Art (nicht) mehr möglich sind, können Sie alle Mitmachenden zu Königinnen und Königen krönen. Wenn es Ihre Zeit zulässt, können Sie auch alle mit einem selbstgebastelten Orden überraschen.

Schützenorden

Wer auf dem Schützenfest „den Vogel abgeschossen" hat, bekommt nicht nur einen Titel, sondern auch einen prächtigen Orden. Wir haben eine Anleitung vorbereitet, mit der Sie mit den Seniorinnen und Senioren diese(n) Orden selbst basteln können.

Übernehmen Sie die Schritte, die die Mitmachenden aufgrund motorischer oder kognitiver Einschränkungen nicht selbst umsetzen können.

Kopiervorlage S. 153

Matrial

- Kopiervorlage: 2 Kreis-Schablonen (7 cm und 3,5 cm Durchmesser)
- Tonpapier (einfarbig und/oder bedruckt)
- Bleistift
- Schere
- Zackenschere
- Schleifenband (ca. 0,5 cm und 4 cm breit)
- Klebstoff (Flüssigklebstoff oder Heißklebepistole)
- evtl. Tacker
- Muffinförmchen aus Papier (einfarbig oder mit Muster)
- Kopiervorlage: Krone

So wird's gemacht

1. Die Kreis-Schablonen auf das farbige Tonpapier legen und die Umrisse mit einem Bleistift nachfahren.
2. Die Kreise ausschneiden, einen davon mit der Zackenschere.
3. Die Umrisse der ausgeschnittenen Krone ebenfalls auf Tonpapier übertragen und die Krone ausschneiden.
4. Von dem Schleifenband werden je zwei dicke und zwei dünne Bänder abgeschnitten.
5. Nun kann geklebt werden. Der große Kreis dient als Grundlage. Darauf werden die Schleifenbänder geklebt oder getackert. Die Bänder sollten in der Mitte befestigt werden. Auf die Bänder wird das Muffinförmchen geklebt, der Rand wird nach außen gestrichen, sodass es eine runde Fläche bildet.

- Es genügt, wenn man immer nur in der Mitte Klebstoff aufträgt, dann wirken die Orden ein wenig „fülliger".

6. Nun werden der kleinere Kreis und die Krone übereinander auf die Mitte des Muffinförmchens geklebt. Den Orden können Sie anschließend beliebig weiterverzieren oder beschriften.
7. Zum Anstecken können Sie entweder doppelseitiges Klebeband auf die Rückseite des Ordens kleben oder eine Sicherheitsnadel daran befestigen. Vorsicht beim Anstecken!

Tisch-Dekoration

Dekoration

Nachdem die Schützenkönigin oder der Schützenkönig feierlich ernannt wurde, muss natürlich gefeiert werden – mit einem schönen Mittagessen oder einem festlichen Kaffeetrinken. Für die Dekoration auf den Tischen eignen sich kleine Blumengläser, die man ganz einfach selbst gestalten kann. In die Vorbereitungen können die Seniorinnen und Senioren gut einbezogen werden.

Matrial

- kleine Gläser (z.B. Babygläschen, Marmeladengläser)
- Schleifenband in den Farben des ansässigen Schützenvereins (oder z.B. grün und weiß, rot und weiß)
- Krepppapier in den Farben des Schleifenbands
- Deko-Granulat oder kleine Kieselsteine
- Wasser
- Wiesenblumen
- Schere

So wird's gemacht

1. Die Gläser mit dem Schleifenband dekorieren: Das Band wird mit einer Schleife oder einem Knoten um den oberen Rand des Glases gebunden.

2. Etwas Deko-Granulat oder Kieselsteinchen in die leeren Gläser geben und Wasser in die Gläser füllen. Dann die Blumen auf die passende Länge bringen und als kleine Sträuße in die Gläser stecken.
3. Tisch, Lampen und Fenster können mit zu dem Schleifenband passenden Bändern aus Krepppapier dekoriert werden.

Programm

Zusammen Musik hören

Für die musikalische Begleitung des Schützenfestes eignen sich Lieder, zu denen man gut schunkeln und tanzen kann. Diese können über einen Lautsprecher abgespielt werden. Im Internet finden Sie eine reiche Auswahl an entsprechenden Musik-Mixen. Auch flotte alte Schlager eignen sich gut und ermutigen zum Mitsingen. Oder Sie engagieren vielleicht einen Alleinunterhalter - je nachdem, in welchem Rahmen Sie feiern und welche Möglichkeiten Sie haben. Fragen Sie die Seniorinnen und Senioren auch während der Vorbereitung, welche Lieder sie sich wünschen, und bereiten Sie eine Wunsch-Auswahl vor.

Für die Krönung der Schützenkönigin oder des Schützenkönigs kann bestimmt auch ein feierlicher Tusch eingespielt werden.

24. Juni Johannisfest

Zum Einstieg

- Mit dem Johannistag verbinde ich …
- Die Sommersonnenwende bedeutet für mich …
- Johannes der Täufer ist …

Schon gewusst?

Das Datum für das Johannisfest geht auf die Geburt Johannes' des Täufers zurück. Das Johannisfest ist eng verbunden mit der Sommersonnenwende, die in der Nacht vom 21. auf den 22. Juni gefeiert wird. Rund um den Johannistag sind vielerlei Bräuche bekannt.

Das Johannisfeuer ist ein Symbol für die Sonne. Es soll auch zur Abwehr von Krankheit und Leid bringenden Dämonen dienen.

Johannissträuße, die aus sieben Kräutern bestehen, sollen Heilkraft und Liebesglück bringen.

Hollerküchle, das sind in Teig gebackene Holunderblüten, und Johannisbeerkuchen mit frisch gepflückten Beeren sind beliebte Speisen zum Johannistag.

Der Johannistag gibt dem Johanniskraut, den Johannisbeeren und dem Johanniskäfer – auch bekannt als Glühwürmchen – seinen Namen. Die Zeit der „Schafskälte" geht nun dem Ende entgegen. Die Ernte von Futtergräsern und Sommergetreide kann beginnen. Die Erntezeit für Rhabarber und Spargel ist zum Johannistag vorbei.

Dekoration

Salzlichter

Viele Johannisfeste sind von Licht geprägt. Die Feuer stehen symbolisch für das so lang ersehnte Sonnenlicht. Deshalb möchten wir die Seniorinnen und Senioren mit auf eine Reise in ein Lichtermeer nehmen.

Bereiten Sie bei dieser Bastelidee individuell im Vorfeld die Schritte vor, die für die Mitmachenden zu schwierig sein könnten. Stellen Sie auch nach Möglichkeit vorab ein Musterexemplar her, damit die Seniorinnen und Senioren eine Vorstellung davon haben, wie das Salzlicht aussehen wird.

Matrial

- kleine Gläser (z.B. leere Marmeladengläser, Babygläschen, einfache Wassergläser)
- Pinsel
- Bastelkleber oder Kleister
- feines oder grobes Salz (oder eine Mischung)
- Klarlack zum Sprühen
- dünne Schnur aus Jute
- LED-Teelichte oder Mini-Lichterketten

So wird's gemacht

1. Die Innenseite der Gläser wird mithilfe des Pinsels mit dem Bastelkleber oder dem Kleister bestrichen. Wenn Sie Kleister benutzen, können Sie diesen ggf. auch gemeinsam mit den Teilnehmenden anrühren.
2. Etwas Salz in das Glas geben und das Glas hin- und herbewegen, sodass überall dort, wo sich Kleister oder Kleber befindet, Salz haften bleibt. Zwischendurch an den Rand des Glases klopfen, um überschüssiges Salz zu entfernen.
3. Das Salz so lange verteilen, bis alle Stellen bedeckt sind. Bei Bedarf nach und nach etwas Salz hinzufügen. Nun wird das Glas zum Trocknen gestellt. Sprühen Sie die Gläser nach dem Trocknen innen mit Sprühlack ein, so zieht das Salz kein Wasser aus der Luft.

4. Die dünne Schnur aus Jute um die Öffnung binden. Zum Schluss ein LED-Teelicht oder eine Mini-Lichterkette in das Glas legen und einschalten. Die Lichter können am Johannistag als Tischdekoration benutzt werden oder auch als kleine Deko-Lampen für Regale, Sideboards, Nachttische usw.

Variante mit doppelseitigem Klebeband

Anstelle des Klebers Streifen oder Muster aus doppelseitigem Klebeband in den Gläsern anbringen. Auch bei dieser Variante werden die Klebestellen mit Salz bestreut, bis sie vollkommen bedeckt sind. Die Salzkörner ggf. zwischendurch andrücken.

Diese Salzgläser können ebenfalls mit Licht gefüllt werden.

- Werden die Windlichter ausschließlich zur Dekoration genutzt, kann das Salz auch gut an den Außenwänden der Gläser angebracht werden, das verstärkt den Effekt.

Programm

Lichtertanz

Musik
Johann Pachelbel: „Kanon und Gigue in D-Dur", zum Abspielen über Lautsprecher

Material
- pro Person 1 Salzlicht mit einem LED-Teelicht (s.o.)

Das Stück „Kanon und Gigue in D-Dur" des Komponisten Johann Pachelbel (1653-1706) ist ein bekanntes und beliebtes klassisches Werk, das gut für die Begleitung von musikalischen Angeboten im Rahmen der Seniorenarbeit geeignet ist. Dem Stück liegt eine eingängige Bassfigur zugrunde, die sich stetig wiederholt. „Kanon und Gigue" beginnt mit dieser Bassfigur, auf der sich die weiteren Stimmen im Verlauf des Stücks nach und nach aufbauen.

Für den Lichtertanz können Sie sich an dem Rhythmus der ersten acht Töne orientieren. Dieses Motiv zieht sich durch das komplette Stück. Die ersten acht Schritte tanzen Sie also auf die ersten acht Töne. Die Geschwindigkeit behalten Sie das ganze Lied über bei.

Zu Beginn stehen die Teilnehmenden zusammen in einem Kreis. Geben Sie jedem ein Glas mit einem leuchtenden Licht in die Hand.

Der Lichtertanz lässt sich ganz einfach individuell an verschiedene Zielgruppen mit unterschiedlichen Ressourcen und Fähigkeiten anpassen.

Sie können entweder den ganzen Ablauf oder nur einen Teil davon tanzen.

In manchen Seniorengruppen sind eventuell nur die ersten Figuren als Bewegungsabfolge - *im Kreis gehen - zur Mitte und zurückgehen - Licht nach oben und unten führen* - möglich. Diese sind beliebig oft wiederholbar.

Andere wiederum kommen vielleicht auch mit weiteren Komponenten zurecht, haben aber am Ende Schwierigkeiten mit der Koordination, wenn sie ihr Licht an den rechten Nachbarn weitergeben und gleichzeitig das vom linken Nachbarn annehmen sollen. Lassen Sie in diesem Fall das Weitergeben weg und fangen Sie stattdessen wieder von vorn an.

Wie oft Sie die Bewegungsabfolgen wiederholen, machen Sie von der Ausdauer und den körperlichen Fähigkeiten der Mitmachenden abhängig. Wichtig ist: Es soll auf jeden Fall Freude machen!

So wird's gemacht

- 8 Schritte im Kreis **gegen den Uhrzeigersinn** gehen.
- 4 Schritte in die **Mitte** gehen.
- 4 Schritte **zurück**gehen.
- Innerhalb von 4 Schlägen das Licht in die **Höhe** heben.
- Innerhalb von 4 Schlägen das Licht wieder **nach unten** führen.

- 8 Schritte im Kreis **im Uhrzeigersinn** gehen.
- 4 Schritte in die **Mitte** gehen.
- 4 Schritte **zurück**gehen.
- Innerhalb von 4 Schlägen das Licht in die **Höhe** heben.
- Innerhalb von 4 Schlägen das Licht wieder **nach unten** führen.

- Innerhalb von 4 Schlägen das Licht mit der rechten Hand an die Person **zur Rechten weitergeben, gleichzeitig die linke Hand öffnen**, um das Licht der Person zur Linken anzunehmen.
- Innerhalb von 4 Schlägen einmal auf der Stelle **um die eigene Achse drehen**.

Der Tanz beginnt von vorn.

Variante als Sitztanz

Für die Teilnehmenden, die nicht mehr gut oder selbstständig gehen können, stellen wir hier eine Sitztanz-Variante unseres Lichtertanzes vor:

- Den Oberkörper 8 Schläge im Takt **leicht nach rechts und links bewegen** (leichtes Schunkeln).
- 8 Schläge auf der Stelle gehen, dafür **die Knie abwechselnd leicht anheben**.
- Innerhalb von 4 Schlägen das Licht in die **Höhe** heben (beim vierten ist das Licht an der höchsten Stelle).
- Innerhalb von 4 Schlägen das Licht wieder **nach unten** führen (beim letzten Schlag ist das Licht wieder in der Ausgangsposition).

Die genannte Abfolge einmal genauso wiederholen.

- Innerhalb von 4 Schlägen das Licht mit der rechten Hand an die Person zur **Rechten weitergeben, gleichzeitig die linke Hand öffnen**, um das Licht der Person zur Linken anzunehmen.
- Innerhalb von 4 Schlägen die Arme nach vorn ausstrecken und **das empfangene Licht in Richtung Mitte halten** und **die Arme wieder anziehen**.

Der Sitztanz beginnt von vorn.

15. August
Mariä Himmelfahrt

Zum Einstieg

- Mariä Himmelfahrt kenne ich …
- An diesem Tag haben wir früher …
- Für mich ist dieser Tag …

Schon gewusst?

An Mariä Himmelfahrt wird im Christentum der leiblichen Aufnahme Marias in den Himmel gedacht. Einer von mehreren Überlieferungen nach soll Jesus Maria nach ihrem Tod in den Himmel geführt und zu sich genommen haben.

Mariä Himmelfahrt wird vor allem in den süddeutschen Regionen in katholischen Gemeinden mit Prozessionen und Gottesdiensten gefeiert. Seit dem 14. Jahrhundert geht dieser Tag mit Kräuterweihen einher.

In Teilen Bayerns und im Saarland ist der 15. August ein gesetzlicher Feiertag.

Dekoration

Ein Himmel mit Schwammdruck-Wolken

Passend zum Thema „Mariä Himmelfahrt" können Sie in Gruppenstunden oder Einzelbegegnungen einen Himmel mit der Schwammdruck-Technik gestalten. Die Gestaltungsidee kann auch mit Seniorinnen und Senioren umgesetzt werden, die Bewegungseinschränkungen oder Schwierigkeiten im Bereich der Feinmotorik haben. Passen Sie das Angebot entsprechend den Einschränkungen an und unterstützen Sie die Mitmachenden, wenn nötig. Zeigen Sie ihnen aber auch, dass Sie ihnen zutrauen, die einzelnen Schritte selbstständig umzusetzen, und geben Sie den Teilnehmenden die Chance, so viel wie möglich selbst auszuprobieren.

Matrial

- Küchenschwämme
- Messer, Schere
- Keilrahmen, Aquarellpapier, Tonkarton oder weißes Zeichenpapier
- Acrylfarbe in Hellblau (oder Dunkelblau) und Weiß
- Teller oder Pappteller
- dicke Pinsel
- Glas mit Wasser

So wird's gemacht

1. Schneiden Sie die Schwämme so zurecht, dass man damit Wolken in verschiedenen Größen drucken kann. Nehmen Sie zum Beispiel einen gewöhnlichen Spülschwamm und schneiden diesen in drei Teile: einmal in der Mitte durchschneiden und die eine Hälfte noch einmal teilen. Die Ecken werden mithilfe des Messers oder der Schere abgerundet, sodass Sie im Anschluss drei ovale Schwämme in unterschiedlichen Größen haben.
2. Laden Sie die Seniorinnen und Senioren ein, mit Ihnen ein Bild von einem freundlichen hellblauen Himmel zu gestalten. Dafür wird der Keilrahmen oder ein beliebiger anderer Untergrund mit der hellblauen Farbe grundiert. Dazu die blaue Acrylfarbe auf einen Teller geben. Nun wird die Farbe mit dem Pinsel aufgenommen und auf das Blatt gepinselt. Wenn möglich, gehen die Pinselbewegungen dabei von links nach rechts und von rechts nach links, bleiben also in horizontalen Linien.

✷ Wenn keine hellblaue Acrylfarbe vorhanden ist, kann der Farbton auch aus Dunkelblau und Weiß gemischt werden.

3. Die blaue Farbe muss anschließend trocknen.
4. Nun die weiße Acrylfarbe auf den Teller geben. Mit dem größten Schwamm beginnen: In die weiße Farbe tunken und damit Wolken auf

die obere Hälfte des hellblauen Untergrunds tupfen. Darunter auf die gleiche Weise die Wolken mit der mittleren Schwammgröße tupfen und dann ganz unten den Rest mit den ganz kleinen Wolken füllen. Durch die drei verschiedenen Größen gewinnt das Bild an Tiefe.

Selbstgemachtes Kräutersalz

Speisen & Getränke

In Anlehnung an das Sammeln von Heilpflanzen und die Kräuterweihung rund um Mariä Himmelfahrt stellen wir Ihnen hier eine Möglichkeit vor, mit der Sie mit Ihren Seniorinnen und Senioren Kräutersalz selbst herstellen können. Diese Aktivierung können Sie sowohl in Einzelbegegnungen anbieten als auch in kleinen oder großen Gruppen. Wählen Sie das Angebot nach den individuellen Ressourcen der Mitmachenden aus und unterstützen Sie die Teilnehmenden dort, wo sie Hilfe benötigen.

Das wird benötigt

- verschiedene frische Kräuter (Petersilie, Liebstöckel, Majoran, Dill, Salbei, Rosmarin, Thymian)
- Küchenpapier
- Messer, Brettchen
- grobes oder feines Meersalz
- Gefäß (Glas oder Keramikdose)
- evtl. Schleifenband

So wird's gemacht

1. Sehen Sie sich die Kräuter mit den Seniorinnen und Senioren an. Wer weiß, wie die Kräuter heißen? Geben Sie den Mitmachenden gerne auch ein paar Zweige in die Hand und laden Sie sie dazu ein, an den Blättern zu reiben und an den Kräutern zu riechen. Kennen die Teilnehmenden die Wirkung, die den verschiedenen Kräutern nachgesagt wird? Welche Kräuter mögen die Mitmachenden? Welche Kräuter sind geschmacklich oder vom Duft her nicht so beliebt? Wer kocht gerne mit frischen Kräutern bzw. hat gerne mit frischen Kräutern gekocht?
2. Laden Sie die Teilnehmenden danach ein, sich Kräuter für ihr Kräutersalz auszusuchen. Die Kräuter können ganz nach Belieben zusammengestellt werden.
3. Die Kräuter waschen und mit Küchenpapier abtrocknen.
4. Nun werden die Kräuter mit einem Messer klein gehackt.
5. Die gehackten Kräuter auf einem Stück Küchenpapier verteilen und ein paar Tage an einem warmen Ort trocknen lassen.
6. Meersalz (grob oder fein, je nach Belieben) in ein Gefäß geben und die getrockneten Kräuter nach Belieben untermischen. Das Glas oder die Dose kann mit einer Schleife verziert werden.

Spätsommer Weinfeste

Zum Einstieg

- Auf meinem ersten Weinfest …
- Am liebsten trinke ich …
- Im Spätsommer mag ich es besonders, wenn …
- Meinen ersten Schluck Wein …

Schon gewusst?

Weinfeste werden vor allem im August, September und Oktober gefeiert. Sie haben ihre Ursprünge in den Weinregionen, haben sich aber im Lauf der Zeit auch in anderen Regionen Deutschlands etabliert.

Die ortsansässigen Winzer stellen dabei ihre neuen Weinsorten vor oder es kommen Weinhändler oder Winzer aus anderen Regionen mit ihrem Sortiment zu den Weinfesten und präsentieren ihre Rebsorten.

Weinfeste sind üblicherweise Freiluftveranstaltungen. Oft repräsentieren Weinköniginnen ihre Weinbauregion auf den Festen.

Sie können mit den Seniorinnen und Senioren ebenfalls ein kleines „Weinfest" feiern. Sorgen Sie für schöne Schunkel-Musik und bieten Sie frische Weintrauben, Traubensaft oder alkoholfreien Wein an und dazu leckeren, selbst gemachten Zwiebelkuchen.

Dekoration

Weinflaschen als Blumenvasen

Für das Weinfest eignet sich eine thematisch passende Tischdekoration: Leere (Wein-)Flaschen können ganz einfach in hübsche Blumenvasen verwandelt werden.

Matrial

- leere Weinflaschen (oder andere Flaschen)
- Kleister
- farbige Servietten
- Schere
- Pinsel
- Band in beliebiger Farbe
- Blumen

So wird's gemacht

1. Die Weinflaschen gut ausspülen und von innen und außen reinigen.
2. Den Kleister anrühren.
3. Die obere Lage der Servietten abziehen und in kleine Stücke schneiden oder reißen.
4. Nun wird die Flasche mit dem Kleister eingepinselt, und die Serviettenstücke werden daraufgeklebt. Die Servietten dürfen sich dabei gerne überlappen. Für einen besseren Halt können die Servietten zwischendurch mit dem Kleister überpinselt werden.
5. Nach dem Trocknen werden die Flaschen mit Schleifenband verziert. Dann Wasser einfüllen und die Blumen hineinstellen.

Zwiebelkuchen

Speisen & Getränke

Zwiebelkuchen ist auf Weinfesten eine beliebte Speise. Besonders im Osten und Süden Deutschlands wird Zwiebelkuchen gerne zubereitet und genossen. Bereiten Sie gemeinsam mit den Seniorinnen und Senioren Zwiebelkuchen zu.

Überlegen Sie, welche Schritte Sie mit den Teilnehmenden gemeinsam ausführen können. Bereiten Sie den Rest vor. Unterstützen Sie – wie immer – so viel wie nötig, aber so wenig wie möglich.

Das wird benötigt

Für den Boden
- 250 g Mehl
- ½ Würfel frische Hefe
- 1 TL Zucker
- 150 ml lauwarme Milch
- 1 TL Salz
- 50 g weiche Butter

Für den Belag
- 500 g Zwiebeln
- 50 g Butter
- 1 EL Mehl
- 2 Eier
- 100 ml Sahne
- Salz
- 75 g Schinkenspeck, geräuchert, gewürfelt
- Kümmel

- Schüssel
- Handrührgerät
- Springform
- Nudelholz
- Pfanne

So wird's gemacht

1. Für den Boden einen Hefeteig zubereiten. Dafür das Mehl in eine Schüssel geben, eine Mulde formen und Hefe, Zucker und etwas lauwarme Milch hinzugeben. Die Zutaten verrühren und mit Mehl bestreuen. Den Vorteig an einem warmen Ort ca. 30 Minuten gehen lassen.
2. Anschließend die übrige Milch und das Salz hinzugeben. Diese Zutaten verkneten und dann die weiche Butter in die Schüssel geben. Nach dem Kneten muss der Teig ca. 45 Minuten gehen.

3. Dann den Teig ausrollen und auf den Boden der Springform legen. Teig am Rand der Form hochziehen.
4. Für den Belag werden die Zwiebeln in Würfel geschnitten und in Butter glasig angedünstet. Zum Schluss wird das Mehl hinzugefügt. Nun muss die Masse abkühlen.
5. Danach die beiden Eier verquirlen, mit der Sahne vermischen und unter die Zwiebelmasse rühren. Nun kann mit Salz kräftig abgeschmeckt werden.
6. Den Belag auf den Boden geben, Speckwürfel und Kümmel darüberstreuen und die Form in den Ofen schieben.
7. Der Zwiebelkuchen wird im vorgeheizten Ofen bei 200 °C Ober-/Unterhitze ungefähr 35 bis 45 Minuten gebacken.

Herbst
Almabtrieb

Zum Einstieg

- Den Almabtrieb kenne ich …
- Ich habe schon einmal einen Almabtrieb miterlebt, als ich …
- Frische Milch von der Alm schmeckt …

Schon gewusst?

Abhängig von den aktuellen Wetterbedingungen wird im Süden Deutschlands, aber auch in Südtirol zwischen Mitte September und Mitte Oktober das Vieh von den Almen zurück auf die Bauernhöfe getrieben, wo die Tiere dann überwintern. Ist der Almsommer ohne tödlichen Unfälle für Menschen und Tiere verlaufen, werden die Tiere für den Almabtrieb geschmückt. Sie bekommen einen blumigen Kopfschmuck aufgesetzt, der üblicherweise aus einer Mischung aus Alpenrosen, Latschenkiefer, Silberdisteln und/oder Seidenblumen zusammengestellt wird. Die Leitkuh wird mit einer Krone aus Blumen, Zweigen, Gräsern und Bändern ganz besonders aufwendig geschmückt. Der Almabtrieb ist durch die Glocken, die die Kühe um ihre Hälse tragen, gut zu hören.

Im Anschluss an den Almabtrieb werden die Tiere im Rahmen des sogenannten Viehscheids wieder ihrem Besitzer übergeben. Beim Viehscheid wird oft ein kleines Fest mit Musik, Tanz und gemütlichem Beisammensein gefeiert. Ein süßer Kaiserschmarrn darf dabei nicht fehlen.

Speisen & Getränke

Kaiserschmarrn

Backen Sie gemeinsam mit den Seniorinnen und Senioren einen leckeren Kaiserschmarrn. Ob der Kaiserschmarrn lieber mit oder ohne Rosinen zubereitet wird, bleibt den Teilnehmenden überlassen. Der eine mag Rosinen, die andere weniger.

Geben Sie den Mitmachenden die Möglichkeit, so viel wie möglich bei der Zubereitung zu helfen. Eventuell beginnen Sie mit einer Gesprächsrunde, in der die Seniorinnen und Senioren erzählen können, ob sie Kaiserschmarrn gerne essen, zu welchen Anlässen sie ihn zubereitet haben und ob sie ein Lieblingsrezept dafür haben. Das unten stehende Rezept können Sie auch abwandeln. Wenn jemand aus der Gruppe ein Familienrezept hat, das er gerne zubereiten würde, können Sie es gerne verwenden.

Das wird benötigt (für ca. 8 Portionen)

- Eier
- 4 EL Zucker
- 1 Prise Salz
- 500 ml Milch
- 350 g Mehl
- ½ Pck. Backpulver
- Rosinen nach Belieben
- Öl
- Puderzucker
- Schüssel
- Handrührgerät
- Pfanne
- Pfannenwender oder Kochlöffel

So wird's gemacht

1. Die Eier in einer Schüssel mit dem Handrührgerät verquirlen. Zucker, Salz und Milch hinzufügen. Mehl mit Backpulver vermischen und beides unterrühren. Nach Belieben Rosinen hinzufügen.
2. Das Öl in einer Pfanne erhitzen und den Teig hineingeben. Je nach Pfannengröße muss der Kaiserschmarrn eventuell in zwei Portionen abgebacken werden.

3. Backen Sie den Kaiserschmarrn ein paar Minuten von einer Seite, bis er goldbraun ist. Wenden Sie den Teig und backen Sie ihn von der anderen Seite durch. Zerteilen Sie den Kaiserschmarrn in kleine Stücke.
4. Den fertigen Kaiserschmarrn auf Tellern anrichten und mit Puderzucker bestäuben.

Memospiel: Almabtrieb

Programm

Mit den Memokarten rund um den Almabtrieb können Sie eine unterhaltsame Spielerunde gestalten.

Kopiervorlage S. 164–165

So wird's gemacht

1. **Kopieren** Sie die **Bildkarten** mit einem Farbkopierer und schneiden Sie die einzelnen Karten aus. Für eine bessere Haltbarkeit und Langlebigkeit empfehlen wir, die Karten zu laminieren. So sind sie auch abwischbar.
2. Wie alle Memospiele in der Seniorenarbeit lässt sich auch dieses auf viele verschiedene Arten an die unterschiedlichen Bedürfnisse und Ressourcen der mitmachenden Seniorinnen und Senioren anpassen.
   - Die Regeln der klassischen Variante sind bekannt. Die Karten werden verdeckt auf einen Tisch gelegt. Es werden reihum immer zwei Karten aufgedeckt. Passen die Karten zusammen, darf das Pärchen behalten werden, und derjenige, der aufgedeckt hat, ist noch ein-

mal an der Reihe. Passen die Kärtchen nicht zusammen, werden sie verdeckt zurückgelegt, und der Nächste ist an der Reihe.

- Eine leichtere Variante ist die, bei der schon jeweils eine Karte pro Paar aufgedeckt auf dem Tisch liegt. Derjenige, der an der Reihe ist, deckt eine verdeckte Karte auf und ordnet sie dem passenden aufgedeckten Partner zu. Das Pärchen darf behalten werden, und der Nächste ist an der Reihe.

Je nach Ressourcen der Teilnehmenden können Sie die Anzahl der Pärchen, mit denen gespielt wird, variabel auswählen.

✷ Das **Memospiel** kann auch gut in Einzelbegegnungen eingesetzt werden. Nehmen Sie die Motive auf den Karten als Einstieg in Gespräche.

Erster Sonntag im Oktober Erntedankfest

Zum Einstieg

- Zum Erntedankfest gehört für mich …
- Gerichte, die zu einem herbstlichen Festmahl passen, sind …
- Dankbarkeit kann man zum Ausdruck bringen, indem …
- Lebensmittelspenden habe ich …
- In den Erntedankgottesdienst bin ich …

Schon gewusst?

Am Erntedankfest danken die Menschen für die Ernteerträge in den Gärten und auf den Feldern. Es wird am ersten Sonntag im Oktober gefeiert.

In manchen Regionen Deutschlands werden Erntekronen aus Getreideähren geflochten, die dann auf Festumzügen präsentiert werden. In Kirchen werden Feldfrüchte vor dem Altar aufgebaut und gesegnet.

Früher war das Erntedankfest ein festes Ritual in den Familien, um gemeinsam Dank zu sagen für die Ernte. Nach dem Erntedankfest wurden die Lebensmittel für den Winter haltbar gemacht.

Von früher bis heute ist dieses Fest eine beliebte und gelebte Tradition. Besonders mit Kindern feiert man den Erntedank, um auf den Wert von Lebensmitteln und selbst angebautem Obst und Gemüse aufmerksam zu machen. Rund um das Erntedankfest gibt es auch immer wieder Aktionen zum Spenden und Teilen mit Menschen auf der Welt, denen eine reiche Ernte verwehrt bleibt und die Hunger leiden müssen.

Speisen & Getränke

Gemüsesuppe

Während der Erntezeit wird reichlich Gemüse geerntet. Frisches Gemüse ist vitaminreich, schmeckt gut und gibt dem Körper neue Energie, die er für den langen Winter mit wenig Sonnenlicht braucht.

Eine frisch gekochte Gemüsesuppe leistet dazu einen guten Beitrag. Zusammen zubereitet, fördert sie die Interaktion unter den Mitkochenden und steigert den Appetit auf die anschließende gemeinsame Mahlzeit.

Das wird benötigt

- verschiedene frische Gemüsesorten (z.B. Blumenkohl, Erbsen, Möhren, Brokkoli)
- Kartoffeln
- Lauch
- Sellerie
- Zwiebeln
- Gemüsebrühe
- Salz, Pfeffer
- frische Kräuter (z.B. Liebstöckel, Majoran, Petersilie)
- Butter oder Öl zum Andünsten
- ggf. einen großen Korb oder eine große Schale
- Messer / Sparschäler
- Schneidebrettchen
- Topf

Programm

Miteinander ins Gespräch kommen

Legen Sie die mitgebrachten Gemüsesorten in einen großen Korb oder eine Schale und stellen Sie sie in die Mitte eines Tisches. Setzen Sie sich mit den Seniorinnen und Senioren um den Korb herum und schauen Sie sich gemeinsam an, was darin liegt. Benennen Sie die Gemüsesorten. Holen Sie sie einzeln aus dem Korb, und lassen Sie die Teilnehmenden das Gemüse anfassen und daran riechen.

Regen Sie Gespräche darüber an, wie die Gemüsesorten angepflanzt und geerntet werden. Sprechen Sie mit den Seniorinnen und Senioren über Gerichte, die aus dem Gemüse zubereitet werden können.

Sie können das Gespräch außerdem mit folgenden Biografie-Fragen anregen:

- Wer hat früher einen eigenen Garten gehabt?
- Was wurde dort angebaut?
- Wie wurden die Ernteerträge verarbeitet und/oder haltbar gemacht?
- Welche Nahrungsmittel waren besonders wichtig für die Ernährung in den Familien?
- Welches Gemüse wurde gerne gegessen?
- Wie haben sich die Geschmäcker der Teilnehmenden selbst (oder die ihrer Kinder) im Laufe des Lebens verändert?

Bereiten Sie im Anschluss an die Gesprächsrunde gemeinsam eine Gemüsesuppe zu.

Gemüsesuppe kochen: Zubereitung

Beteiligen Sie die Seniorinnen und Senioren bei den einzelnen Arbeitsschritten so viel wie möglich. Was die Teilnehmenden selbst übernehmen können und möchten, sollten sie gerne übernehmen dürfen.
Unterstützen Sie an den Stellen, an denen es nötig ist. Versuchen Sie, eine angenehme Atmosphäre zu schaffen, und achten Sie darauf, dass diejenigen, die es möchten, gleichwertig eingebunden werden.

So wird's gemacht

1. Gemüse waschen und, wenn nötig, schälen. In kleine, mundgerechte Stücke schneiden. Die Kräuter waschen und hacken. Bestimmen Sie die Mengen selbst - je nach Anzahl und Appetit der Teilnehmenden.
2. Die kleingeschnittenen Zwiebeln, die Kartoffeln und das Gemüse in Butter oder Öl andünsten. Mit Gemüsebrühe aufgießen. Salzen und pfeffern. Die Suppe köcheln lassen, bis das Gemüse gar ist.
3. Zum Schluss die frischen Kräuter hinzugeben. Ein wenig Petersilie zum Garnieren der Teller übrig lassen.

Bewegungslied: Hejo, spann den Wagen an

Das Lied „Hejo, spann den Wagen an" ist eins der bekanntesten Herbst- und Erntelieder. Wir stellen Ihnen hier eine Idee vor, wie Sie das Lied mit Bewegungen untermalen können. Singen Sie das Lied langsam mit der Gruppe, und machen Sie die Bewegungen dabei vor. Die Seniorinnen und Senioren können durch Imitieren nach und nach in die Bewegungen einsteigen.

Die Strophe kann mehrfach wiederholt werden. Mit fitten Gruppen können Sie das Lied sogar im Kanon singen.

Hejo,
- *2-mal im Takt klatschen*

spann den Wagen an.
- *auf der Stelle gehen, dabei Knie leicht anheben*

Sieh, der Wind treibt Regen übers Land.
- *Hände 4-mal nach vorn strecken und wieder zurückziehen*

Hol die goldnen Garben,
- *mit gestrecktem rechten Zeigefinger nach rechts deuten*

hol die goldnen Garben!
- *mit gestrecktem linken Zeigefinger nach links deuten*

Kirchweihfest - Kirmes

Zum Einstieg

- Auf einer Kirmes gehe ich zuallererst …
- Am liebsten esse ich dort …
- Mindestens einmal besuche ich …
- Aus meiner Kindheit habe ich Erinnerungen an einen Kirmesbesuch, bei dem …

Schon gewusst?

Eine Kirmes oder ein Kirchweihfest ist ein Volksfest, das meist eine lange Tradition hat. Oft liegen solchen Traditionen kirchliche Feste aus der Zeit des Mittelalters zugrunde, die später als Jahrmärkte und dann als Kirmes weitergeführt wurden.

Auf Volksfesten gibt es vielerorts große und kleine Fahrgeschäfte, Gastronomiestände, Stände, an denen Spiele angeboten werden, und ein oder mehrere Festzelte. Sehr beliebt sind Kettenkarussells, Losbuden, Stände mit Zuckerwatte, Popcorn und Lebkuchenherzen, die mit Sprüchen verziert sind.

Zu den größten Volksfesten in Deutschland zählen, gemessen an der Besucherzahl, das Oktoberfest in München, die Cranger Kirmes in Herne und die Rheinkirmes in Düsseldorf.

An manchen Orten, besonders im ländlichen Raum, werden die Kirchweihfeste von einer Gruppe (unverheirateter) „Kirmesburschen" organisiert. Üblich ist auch, samstags einen Kirchweihbaum aufzustellen. In der Nacht zum Sonntag ziehen dann die Kirmesburschen durch die Straßen und nehmen aus den Gärten und von den Höfen die Dinge mit, die nicht aufgeräumt wurden, und legen sie unter den Kirchweihbaum. Die Besitzer müssen sich ihr Hab und Gut am Sonntag wiederholen.

Für die Beschaffung ihrer Getränke haben die Kirmesburschen verschiedene Bräuche. So wird zum Beispiel eine am Kirchweihbaum aufgehängte Strohpuppe von einer Gruppe gestohlen, um sie später gegen (meist) alkoholhaltige Getränke einzutauschen. Üblich ist mancherorts auch, ein Bierfass der rivalisierenden Gruppe zu stehlen und in einem Garten zu vergraben. Schafft die Gruppe es nicht, das Bierfass zu finden, gilt das als eine Schmach.

Speisen & Getränke

Lebkuchenherzen

Lebkuchenherzen sind mit das beliebteste Mitbringsel von Jahrmarkt- oder Kirmesbesuchen. Sie sind in den verschiedensten Farben mit Zuckerguss verziert. Hingucker sind sowohl die klassischen als auch die extravaganten Sprüche auf den Herzen - die einen romantisch, die anderen lustig. Nur wenige dieser Lebkuchenherzen werden wohl tatsächlich gegessen. Die meisten hängen zur Erinnerung und zur Dekoration an der Wand.

Wir stellen Ihnen eine Backanleitung für Lebkuchenherzen vor. Welche Schritte Sie mit den Seniorinnen und Senioren gemeinsam machen und welche Sie vorbereiten, entscheiden Sie selbst je nach den Möglichkeiten Ihrer Teilnehmenden. Mit manchen Gruppen ist das Fertigen der Lebkuchenherzen über mehrere Einheiten möglich. Für andere wiederum ist es hilfreich, wenn Sie die Schritte bis zum Verzieren schon vorbereitet haben und gemeinsam nur noch die Herzen mit Zuckerguss und Zuckerelementen dekorieren.

Kopiervorlage
S. 150

Das wird benötigt (für ca. 4 bis 5 Stück)

- 40 g Butter
- 100 g Honig
- 50 g Zucker
- 1 TL Lebkuchengewürz
- 1 EL Kakaopulver
- 1 Eigelb
- 250 g Mehl
- 1 TL Backpulver
- 1 Prise Salz
- 1 Eiweiß
- 200 g Puderzucker
- Lebensmittelfarbe nach Belieben
- Kuchendekoration (z.B. Zuckerherzen, -blumen)

- Topf
- Rührschüssel
- Nudelholz
- Kopiervorlage: Herzschablone
- Messer
- dicker Strohhalm
- Spritzbeutel oder Garnierspritze
- Bänder

So wird's gemacht

1. Zunächst werden Butter, Honig, Zucker, Lebkuchengewürz und das Kakaopulver zusammengemischt und in einem Topf auf niedriger Stufe erhitzt, bis eine einheitliche Masse entstanden ist und der Zucker sich aufgelöst hat. Die Masse muss vor dem nächsten Schritt abkühlen.
2. Nach dem Abkühlen werden Eigelb, Mehl, Backpulver und Salz unter die Masse gerührt und zu einem Teig geknetet. Der Teig muss über Nacht zugedeckt bei Zimmertemperatur ruhen.
3. Am nächsten Tag werden die Herzen in Form gebracht. Den Backofen zunächst auf 200 °C vorheizen. Den Teig ausrollen. Die Schablone auf den Teig legen und mit einem Messer drumherum fahren. Mit einem dicken Strohhalm ein oder zwei Löcher in die Oberseite drücken, durch die man später ein Band ziehen kann. Die Herzen auf ein mit Backpapier ausgelegtes Backblech legen und ca. 15 Minuten backen. Anschließend zum Abkühlen auf einen Kuchenrost legen.

4. Vor dem Verzieren müssen die Herzen vollständig abgekühlt sein.
5. Eiweiß mit dem Puderzucker steif schlagen und nach Belieben mit Lebensmittelfarbe einfärben. Die Masse in einen Spritzbeutel oder eine Garnierspritze geben und die Herzen verzieren. Im Anschluss können noch Zuckerherzen oder -blumen mithilfe des Zuckergusses angeklebt werden.

Programm

Zuordnungsübung: „Das Leben ist …"

Auf einer Kirmes oder einem Jahrmarkt gibt es viele verschiedene Vergnügungsangebote, die den Aufenthalt dort zu einem aufregenden Erlebnis machen.

Wir haben uns einige dieser Vergnügungsangebote angeschaut und sie in ihren charakteristischen Eigenschaften auf das Leben übertragen.

Kopiervorlage S. 166–167

Matrial

- Kopiervorlage: Text- und Bildkarten
- Schere
- 1 großer Bogen Tonkarton
- Klebstoff

So wird's gemacht

1. Kopieren Sie die Vorlagen mit einem Farbkopierer. Schneiden Sie die Überschrift „Das Leben" aus und kleben Sie diese oben auf den Tonkarton. Nun werden die Bildkarten und die übrigen Textkarten ausgeschnitten.
2. Legen Sie den Tonkarton in die Tischmitte und die Kärtchen daneben. Je nach Fähigkeiten Ihrer Gruppe wählen Sie aus, ob Sie die Kärtchen bunt gemischt hinlegen oder Text- und Bildkärtchen voneinander getrennt.
3. Bitten Sie die Seniorinnen und Senioren in einem ersten Schritt, die Textkärtchen den passenden Bildkärtchen zuzuordnen.
4. Die Kartenpaare werden anschließend auf den Tonkarton geklebt, sodass sich vollständige Sätze ergeben.

Fragen zur Biografie

Lesen Sie die Sätze nach dem Aufkleben gemeinsam durch und regen Sie zum Gespräch darüber an:

- In welchen Situationen fühlte sich das Leben der Seniorinnen und Senioren so an, wie in den Sätzen beschrieben?
- Welcher Augenblick hat sie besonders überrascht?
- An welchem Punkt haben sie gemerkt, wie schnell einzelne Lebensphasen vorbeigehen?
- Wann wurde es einmal gefährlich?
- In welcher Lebensphase ging es besonders oft rauf und runter? Wann wechselten sich schöne und schwierige Momente besonders oft ab?
- In welchem Alter haben die Teilnehmenden gespürt, dass ihnen ihre Lebenserfahrung Weitblick verschafft?
- Welche Lebensphase würden sie als bunt und unbeschwert beschreiben?

31. Oktober Reformationstag

Zum Einstieg

- Wenn ich an den Reformationstag denke, fällt mir ein …
- Die Geschichte von Martin Luther und seiner Reform kenne ich aus …
- Die Ideen, die Luther damals hatte, finde ich …
- Den Geschmack von Reformationsbrötchen kenne ich …

Schon gewusst?

Am Reformationstag gedenken die evangelischen Christen der Reformation der Kirche, die im Jahr 1517 begann. Martin Luther hatte damals, am Abend des 31. Oktober, 95 Thesen zu Ablass und Buße an die Tür der Schlosskirche zu Wittenberg angeschlagen. Darin widersprach er dem Ablasshandel der Kirche, bei dem man sich durch Zahlung von Geld von seinen Sünden befreien lassen konnte. Seiner Ansicht nach war die Erlösung aller Sünden schon durch den Tod Jesu am Kreuz geschehen.

Ein gesetzlicher Feiertag ist der Reformationstag in Brandenburg, Bremen, Hamburg, Niedersachsen, Mecklenburg-Vorpommern, Sachsen, Sachsen-Anhalt, Schleswig-Holstein und Thüringen.

Speisen & Getränke

Reformationsbrötchen

Zum Reformationstag werden in den Regionen, in denen dieser Tag gefeiert wird, Reformationsbrötchen gebacken und verkauft. Die Reformationsbrötchen bestehen aus einem Hefeteig mit Rosinen, der gehaltvoll, aber etwas leichter als Stollenteig ist. Die Hefeteilchen werden mit Aprikosenkonfitüre bestrichen und mit Glasur und Mandelblättchen verziert. Die Reformationsbrötchen sollen ihrer Form nach die Lutherrose symbolisieren – das Siegelzeichen Martin Luthers.

Die Reformationsbrötchen können mit Seniorengruppen gut selbst gebacken werden. Bereiten Sie so viel vor wie nötig, aber so wenig wie möglich. Eventuell dauert die Wartezeit beim Gehen zu lang. Dann können Sie den Hefeteig schon vorab zusammenkneten und die übrigen Schritte mit den Seniorinnen und Senioren gemeinsam machen.

Das wird benötigt (für ca. 8 Stück)

- 500 g Mehl
- 1 Würfel frische Hefe
- 30 g Zucker
- 250 ml Milch
- 50 g weiche Butter
- 100 g Rosinen
- 100 g Mandeln (Mandelblättchen oder gehackte Mandeln)
- 1 TL abgeriebene Zitronenschale
- 1 EL Zitronat
- 200 g Aprikosenkonfitüre
- Puderzucker

- Schüssel
- Handrührgerät
- Nudelholz
- Messer
- Teelöffel

So wird's gemacht

1. Aus Mehl, Milch, Butter, Zucker und der Hefe einen Hefeteig zubereiten. Dazu eine Mulde in das Mehl drücken und für den Vorteig Hefe, Zucker und 8 Esslöffel Milch in die Mulde geben. Die Zutaten vermischen, noch etwas Mehl darübergeben und die Schüssel für ca. 30 Minuten an einen warmen Ort stellen, bis der Teig gegangen ist.

2. Nach dem Gehen die Butter, die Rosinen, 50 g Mandeln, die abgeriebene Zitronenschale, die restliche Milch und das Zitronat hinzugeben. Den Teig gut durchkneten und ca. 45 Minuten gehen lassen.
3. Nun wird der Teig ausgerollt und in ca. 12 x 12 cm große Vierecke geschnitten. Die Vierecke auf ein Backblech legen. Je einen Teelöffel der Aprikosenkonfitüre in die Mitte geben und die Ecken umklappen, sodass sie in der Mitte aufeinandertreffen. Die Teiglinge noch einen Augenblick gehen lassen und dann im vorgeheizten Ofen bei 200 °C für ca. 20 Minuten backen.
4. Im Anschluss können die Reformationsbrötchen mit Puderzucker bestäubt oder mit Zuckerguss bestrichen und mit den restlichen Mandeln verziert werden. Für den Zuckerguss den Puderzucker mit etwas heißem Wasser verrühren, bis die gewünschte Konsistenz erreicht ist. Für festeren Zuckerguss nehmen Sie weniger Wasser, um die Brötchen nur leicht zu benetzen, rühren Sie den Guss flüssiger an.

✷ Die Lutherrose hat eigentlich fünf Blätter. Wer eine Rose mit fünf Blättern backen möchte, formt aus dem Teig Kugeln, drückt sie platt, schneidet sie in gleichmäßigen Abständen fünfmal ein und klappt die fünf Stränge zur Mitte des Teiglings.

Programm

Reformations-Quiz

Worum genau ging es eigentlich bei der Reformation der Kirche? An welches Ereignis erinnert der Reformationstag? Wer war der Begründer der Reformation? Gestalten Sie ein Quiz rund um den Reformationstag.

Kopiervorlage S. 168

So wird's gemacht

1. **Kopieren** Sie die **Rätselkarten** und schneiden Sie sie auseinander. Für eine bessere Haltbarkeit empfehlen wir, die Karten zu laminieren.
2. Lesen Sie Frage für Frage vor. Geben Sie den Seniorinnen und Senioren dabei ausreichend Zeit, um über die Antworten nachzudenken. Sollte niemand auf die Lösung kommen, versuchen Sie, die Teilnehmenden durch gezielteres Nachfragen oder durch das Nennen verschiedener Antwortmöglichkeiten zu unterstützen. Vermeiden Sie es, die Antworten zu verraten. Auch wenn die Unterstützung noch so groß ist, ist es wichtig, dass das Erfolgserlebnis, die Fragen zu beantworten, in der Gruppe bei den Seniorinnen und Senioren bleibt. Die Lösungen stehen auf den Rätselkarten.

1./2. November
Allerheiligen/Allerseelen

Zum Einstieg

- Allerheiligen und Allerseelen kenne ich …
- Ich erinnere mich an einen 1. November, an dem …
- Als das erste Mal in meinem Leben jemand aus meiner Familie verstorben ist, dachte ich …
- Der 1. November ist für mich ein Tag …

Schon gewusst?

An Allerheiligen wird im Christentum aller bekannten und unbekannten Heiligen gedacht. Seit Beginn des 9. Jahrhunderts liegt Allerheiligen auf dem 1. November.
Allerheiligen ist ein stiller Feiertag. An diesem Tag gibt es im Allgemeinen keine Veranstaltungen mit lauter Musik und keine öffentlichen Tanzveranstaltungen.

An Allerseelen, am 2. November, wird in der römisch-katholischen Kirche der Verstorbenen gedacht, der „armen Seelen im Fegefeuer".

An diesen beiden Tagen finden Gräbersegnungen statt. Dafür werden die Gräber hergerichtet und mit Kerzen und Blumen geschmückt.

Im Süden Deutschlands ist es üblich, sogenannte Allerheiligenstriezel zu backen. Sie werden von den Paten an ihre Patenkinder verschenkt. Der Allerheiligenstriezel ist ein geflochtener Zopf aus Hefeteig, der mit Ei bestrichen und mit Hagelzucker verziert wird.

„Spitzl" ist ein Lebkuchengebäck, das auf sogenannten Spitzlmärkten in der Region rund um das Altmühltal zu Allerheiligen verkauft wird.

In manchen Orten gibt es Allerheiligenmärkte oder eine Allerheiligenkirmes.

Dekoration

Mandala aus Naturmaterialien

An Allerheiligen und Allerseelen gedenken viele Menschen ihrer Verstorbenen. Gedenken bedeutet auch, zur Ruhe zu kommen. Sich zu erinnern. Sich das bewahrte Andenken an einen geliebten Menschen wieder bewusst zu machen. Zeit zu haben, um noch einmal zu trauern, und gleichzeitig dankbar zu sein für die schönen - und vielleicht auch die schwierigen - Momente, die man mit dem Verstorbenen erlebt hat. Oft beinhalten Trauerphasen und das bewusste Andenken an einen geliebten Verstorbenen auch die Auseinandersetzung mit dem eigenen Tod.

Mandalas können eine beruhigende und entspannende Wirkung haben. Sie helfen, zu sich selbst zu kommen, fördern die Konzentration und auch die motorischen Fähigkeiten.

Selbst gemachte Mandalas, die aus Naturmaterialien gefertigt wurden, bringen uns außerdem in Einklang mit der Natur, sensibilisieren die Wahrnehmung und fördern das Bewusstsein für die entsprechende Jahreszeit. Das gemeinsame Gestalten bietet zudem die Möglichkeit, mit den anderen Teilnehmenden zu kommunizieren und zu interagieren, sich abzusprechen und die Ideen eines anderen weiterzuführen.

Allerheiligen und Allerseelen sind Feiertage im Herbst. Gehen Sie mit den Seniorinnen und Senioren hinaus in die Natur und sammeln Sie Naturmaterialien. Sollten gemeinsame Spaziergänge aus gesundheitlichen Gründen nicht möglich sein oder die örtlichen Gegebenheiten das Sammeln schwierig machen, bringen Sie selbst Materialien aus der Natur mit in das Angebot.

Material (Beispiele)
- Blätter (jeweils mehrere derselben Sorte)
- Zweige und Äste
- Steine
- Herbstfrüchte (z.B. Äpfel, Trauben)
- Gemüse
- Kiefern- oder Tannenzapfen
- Nüsse
- Blumen

So wird's gemacht

1. Legen Sie die Materialien auf den Tisch. Fragen Sie die Teilnehmenden zu Beginn, was sie sehen, und benennen Sie die Dinge gemeinsam.
2. Laden Sie die Mitmachenden nun ein, ein Mandala zu legen. Gestartet wird von einem Mittelpunkt aus. Das Mandala soll einen regelmäßigen kreisförmigen Aufbau haben. Wie Sie die Gestaltung leiten, machen Sie am besten von der Gruppenzusammensetzung abhängig. Es gibt die Möglichkeit,
   - dass die Gruppe gemeinsam gleichzeitig legt, gestaltet und sich dabei austauscht
   - oder dass die Teilnehmenden nacheinander Materialien in die Mitte legen (z.B. jeder legt vier Teile; jeder hat drei Minuten Zeit).

Das Mandala kann auf der Tischplatte gelegt werden, auf einem Bogen Tonkarton, auf einem Tablett oder einer großen Baumscheibe. Ihren Ideen sind hier keine Grenzen gesetzt.

✷ Wenn es sich für die Beteiligten gut anfühlt, spielen Sie gerne im Hintergrund Entspannungsmusik ab.

3. Geben Sie den Seniorinnen und Senioren die Zeit, die sie brauchen. Schauen Sie sich das Mandala im Anschluss gemeinsam an und sprechen Sie darüber:

- Welche Form hat das Mandala?
- Welche Stellen gefallen den Beteiligten am besten?
- Wie fühlen die Teilnehmenden sich - können sie äußern, ob sie sich gut oder nicht gut fühlen?
- Spüren sie eine innere Ruhe?
- Wie haben sich die verschiedenen Materialien angefühlt?
- Welches Naturmaterial haben sie am liebsten in der Hand gehabt?

4. Laden Sie die Seniorinnen und Senioren gerne im Anschluss ein, das Lieblingsmaterial noch einmal in die Hand zu nehmen. Wenn möglich, darf jeder auch einen Gegenstand aus der Begegnung mitnehmen.

Gedenksteine bemalen

Eine besonders schöne und persönliche Möglichkeit, eines Menschen zu gedenken, ist die Gestaltung eines ganz individuellen Gedenksteins. Der Stein darf ein Stein der Hoffnung sein, ein Stein der Erinnerung, ein Stein, der auch Trost spenden kann.

Wählen Sie in der Vorbereitung Steine aus, die mindestens faustgroß sind. So können auch Personen teilnehmen, die an Einschränkungen in den Bereichen der Motorik und/oder Sensibilität leiden.

Material

- Steine in verschiedenen Formen (mindestens faustgroß)
- Acrylfarben (helle Farben)
- Pinsel, Schwämme, Spatel, Schaschlikspieße
- Unterlagen
- Becher für Wasser
- Klarlack zum Pinseln oder Sprühen
- Acrylstifte in Schwarz oder Dunkelblau, um die Steine zu beschriften
- evtl. Handschuhe

So wird's gemacht

1. Bereiten Sie für jeden Teilnehmenden einen Platz vor, an dem gemalt werden kann. Stellen Sie die Materialien zum Malen bereit und legen Sie die mitgebrachten Steine in die Mitte.
2. Laden Sie die Seniorinnen und Senioren ein, sich einen Stein auszusuchen und drei bis vier Farben auszuwählen.
3. Nun wird auf jeden Stein etwas Acrylfarbe aus der Flasche aufgetragen. Die Teilnehmenden dürfen die Acrylfarbe mit dem Pinsel, einem Schwamm, einem Spatel oder auch mit den Fingern (bitte Handschuhe anziehen) verteilen.

- Eine etwas einfachere Variante ist es, die Acrylfarbe auf die Unterlage zu träufeln, mit einem Schaschlikspieß oder Ähnlichem ein wenig zu verteilen und den Stein in die Farbe zu drücken.

4. Dann wird der Stein zum Trocknen gelegt und anschließend lackiert. Das Lackieren übernehmen Sie als Gruppenleitung – es sei denn, Sie gestalten die Steine mit Seniorinnen und Senioren, die motorisch und handwerklich noch gute Ressourcen haben.
5. Ist der Lack getrocknet, dürfen sich die Teilnehmenden einen Spruch (oder auch nur einzelne Wörter) aussuchen, der im Anschluss auf den Stein geschrieben wird. Wer kann und möchte, darf das selbstverständlich selbst machen. Wer diesen Schritt lieber an Sie abgeben möchte, kann das gerne tun.

Ein paar Hoffnungs- und Trostsprüche haben wir hier beispielhaft für Sie zusammengestellt:

- Nach jedem Sturm folgen wieder sonnige Zeiten.
- Hoffnung ist, wo Menschen sich im Augenblick begegnen.
- In der Finsternis leuchtet das kleinste Licht wie ein heller Sonnenstrahl.
- Erinnerungen, die unser Herz berühren, gehen niemals verloren.
- Das Leben endet, die Liebe nicht.
- Wo Leben ist, da darf auch Hoffnung sein.
- Das Licht der Hoffnung brennt in der Zuversicht.

11. November
St. Martin

Zum Einstieg

- Laternen basteln, bedeutet für mich …
- Martinsumzüge sind …
- Zu einer Martinsgans serviert man …
- Gebäck, das zu St. Martin serviert wird, ist …
- Martinsfeuer kenne ich …
- Die Geschichte vom heiligen Martin …
- Martinslieder, die ich kenne, sind …

Schon gewusst?

Das Fest St. Martin wird im Gedenken an den heiligen Martin gefeiert, der seinen Mantel teilte, um einen armen Mann vor dem bitteren Kältetod zu bewahren. In der Nacht auf diese barmherzige Tat erschien Jesus ihm in dem Mantel, den er dem Bettler geschenkt hatte.

Rund um den Martinstag gibt es zahlreiche Bräuche. Diese unterscheiden sich zum einen regional und werden zum anderen auch im Erwachsenen- sowie Kindesalter unterschiedlich begangen.

Ein weit verbreiteter Brauch sind Laternenumzüge, bei denen Kinder mit (selbst gebastelten) Laternen durch die Straßen ziehen und Martinslieder singen. Oft wird in diesem Rahmen die Geschichte des heiligen Martin erzählt und nachgespielt. Eine Besonderheit ist bei vielen Martinsumzügen, dass der Darsteller des St. Martin auf einem echten Pferd mitreitet.

An die Kinder werden zum Martinsfest Martinsbrezeln verteilt. In einigen Regionen gibt es stattdessen Weckmänner, Martinshörnchen oder Stutenkerle.

Das Martinsgans-Essen ist ebenfalls ein verbreiteter Brauch zum 11. November. Besonders beliebt in ländlichen Regionen sind traditionelle Martinsfeuer.

Dekoration

Fensterlaterne

Laternen und das Martinsfest gehören untrennbar zueinander und lösen schöne Erinnerungen an die Kindheit aus oder an die Zeit mit den eigenen Kindern und Enkeln. Da viele der Seniorinnen und Senioren nicht mehr an Martinsumzügen teilnehmen können, schlagen wir das Gestalten von dekorativen Fensterlaternen als Alternative vor.

Kopiervorlage S. 157

Material

- Ausmalbild einer Laterne
- Filzstifte
- Schere
- Kleister oder Klebstreifen
- Speiseöl
- Pinsel

So wird's gemacht

1. Kopieren Sie die Vorlage in ausreichender Anzahl und teilen Sie die Kopien aus.
2. Das Laternenbild mit Filzstiften ausmalen.
3. Anschließend die Laternen ausschneiden und die Vorderseite mit Öl einpinseln und trocknen lassen. Die Laternenbilder sind dann durchscheinend.
4. Die Laternenbilder können nun am Fenster befestigt werden. Besonders gut geht das mit etwas Kleister, der sich hinterher auch wieder spurlos entfernen lässt.

Martinsbrezeln

Speisen & Getränke

Backen Sie mit den Seniorinnen und Senioren die Martinsbrezeln selbst und genießen Sie sie gemeinsam auf einer St.-Martinsfeier oder zum Laternenfest. Je nach Zeitfenster und den Ressourcen der Teilnehmenden, können Sie den Teig vorab vorbereiten oder zum Schluss das Drehen der Brezeln übernehmen.

Eine schöne Übung für die Feinmotorik und die Finger-Koordination ist das Bestreuen der Teigrohlinge mit Hagelzucker. Wie immer gilt auch hier: Sie kennen Ihre Teilnehmenden am besten! Bieten Sie bei der Umsetzung so viel Hilfe an wie nötig, aber so wenig wie möglich.

Das wird benötigt (für ca. 8 Brezeln)

- 350 g Mehl
- 75 g Zucker
- 150 g Magerquark
- 1 Pck. Vanillezucker
- 1 Pck. Backpulver
- 1 Prise Salz
- 6 EL Rapsöl
- 6 EL Milch

Zum Bestreichen und Verzieren

- 1 Eigelb
- 6 EL Milch
- Hagelzucker

- Rührschüsseln
- evtl. Handmixer
- Backblech und Backpapier
- Tasse und Gabel bzw. kleiner Schneebesen
- mehrere Backpinsel

So wird's gemacht

1. Alle Zutaten (außer denen zum Bestreichen und Verzieren) zu einem Teig verkneten. Wenn der Teig an den Händen klebt, noch etwas Mehl hinzugeben.
2. Backofen vorheizen. Wir empfehlen das Backen bei 175 °C Ober-/Unterhitze.
3. Den Teig in acht Teile unterteilen und aus jedem Teil eine lange Teigrolle formen. Jede Rolle zu einer Brezel formen und die Brezeln auf ein Backblech legen. Da die Brezeln im Ofen noch aufgehen, sollten die rohen Teiglinge nicht zu nah beieinanderliegen.

4. Eigelb und Milch verrühren und die Brezeln mit der Mischung bestreichen. Anschließend etwas Hagelzucker über die Brezeln streuen und das Blech in den Backofen schieben.
5. Die Backzeit beträgt ungefähr 15–20 Minuten, je nach gewünschtem Bräunungsgrad und Dicke der Brezeln. Schauen Sie gerne zwischendurch mit den Teilnehmenden vorsichtig in den Backofen und begutachten Sie gemeinsam, wann die Brezeln fertig sind.
6. Nach dem Backen benötigen die fertigen Martinsbrezeln etwas Zeit zum Abkühlen.

✷ Je nach Region oder biografischem Hintergrund der Mitmachenden sind als Martinsgebäck vielleicht Stutenkerle oder Martinsgänse bekannter. Mit unserem Teigrezept kann man alternativ zu den Brezeln ebenso auch Stutenkerle ausschneiden oder Gänse ausstechen, die dann gebacken, verteilt und gegessen werden.

4. Dezember Barbaratag

Zum Einstieg

- Am Barbaratag Obstbaumzweige in die Wohnung zu stellen, …
- St. Barbara verbinde ich mit …

Schon gewusst?

Der 4. Dezember ist der Tag der heiligen Barbara, Schutzpatronin der Bergleute. An diesem Tag erinnert man sich an ihr Leben und ihr Wirken und gleichzeitig an ihren Todestag.

Der Legende nach war Barbara eine sehr schöne und kluge Frau. Ihr Vater wollte sie von ihrem christlichen Glauben abbringen und versuchte dies mit allen Mitteln. Schließlich ließ er sie sogar ins Gefängnis bringen. Doch auch Drohungen und Folter bewirkten nicht, dass Barbara sich von Gott abwandte. Auf dem Weg ins Gefängnis blieb ein Zweig an ihrem Kleid hängen. Barbara nahm ihn mit und stellte ihn in ihrer Zelle auf. Am Tag ihrer Hinrichtung soll der Zweig angefangen haben zu blühen.

Bis heute ist der Brauch, am 4. Dezember Kirsch- und andere Obstbaumzweige oder Birkenzweige zu schneiden und ins Zimmer zu holen. Die Knospen dieser Barbarazweige sollen zur Weihnachtszeit aufgehen und Hoffnung und Glück für das neue Jahr bringen.

Dekoration

Barbarazweige aufstellen

Noch heute erinnert man sich bei dem Aufstellen der sogenannten Barbarazweige an den Mut der heiligen Barbara und an den Zweig, der ihr Hoffnung brachte, obwohl sie wusste, dass sie sterben würde.

Die Barbarazweige bringen in der Vorweihnachtszeit Hoffnung in die dunklen Winternächte. Werden die Zweige am Barbaratag geschnitten und in eine Vase gestellt, so sollen sie an Weihnachten blühen.

Material

- frisch geschnittene Zweige von Obstbäumen oder Forsythien
- Kanne mit Wasser
- hohe Vase

So wird's gemacht

1. Wenn möglich, schneiden Sie die Zweige mit den Seniorinnen und Senioren gemeinsam draußen ab. Ein kleiner Spaziergang in den Garten oder den Park ist anregend und bringt Leben in die Aktivität. Sollte dies nicht möglich sein, bringen Sie frisch geschnittene Zweige mit.
2. Legen Sie die Zweige, die Kanne mit Wasser und die Vase in die Mitte eines Tisches oder Stuhlkreises.
3. Zuerst muss die Vase mit dem Wasser gefüllt werden. Das können entweder Sie als Gruppenleitung machen oder jemand aus der Gruppe übernimmt diese Aufgabe.
4. Dann stellen alle, die es möchten, einen der frischen Zweige in die Vase. Dies sollte nacheinander geschehen, damit die Teilnehmenden genügend Platz dafür haben.
5. Stellen Sie die Barbarazweige an eine Stelle, an der sie gut gesehen und beobachtet werden können. Schauen Sie um Weihnachten herum gemeinsam nach, ob die Zweige blühen.

Einen Baum zum Blühen bringen

Die blühenden Barbarazweige symbolisieren Hoffnung und Zuversicht. Auch im kreativen Gestalten kann man dem Aufblühen Ausdruck verschaffen und hat hinterher ein schönes Ergebnis zum Mitnehmen und Erinnern.

Unsere Blüten werden mit Luftpolsterfolie gedruckt – ein sehr einfaches und effektvolles Verfahren. Passen Sie die einzelnen Schritte und das Material an die Ressourcen der Mitmachenden an.

Kopiervorlage S. 154

Material

- Kopiervorlage: Kirschbaum
- Luftpolsterfolie
- Schere
- Klebefilm
- Acrylfarben in Braun, Weiß und Rot, evtl. Rosa
- kleine Schale
- Pappteller
- evtl. einen großen Keilrahmen und Pinsel

So wird's gemacht

1. Schneiden Sie die Luftpolsterfolie in Streifen (22 cm lang und 5 cm breit). Kleben Sie jeden Streifen mithilfe des Klebebands zu einem Ring zusammen. Die Noppen sollen dabei nach außen zeigen. Verteilen Sie diese Ringe an die Teilnehmenden. Sie werden beim Drucken über die Finger gezogen.
2. Kopieren Sie in ausreichender Anzahl die Vorlage des Kirschbaums. Soll der Baum größer werden, vergrößern Sie ihn während des Kopiervorgangs.
3. Ist eine festere Unterlage gewünscht (Pappe oder Keilrahmen), schneiden Sie den Baum aus und benutzen Sie ihn als Schablone zum Übertragen der Form auf die gewählte Unterlage.
4. Den Baum mit brauner Acrylfarbe (alternativ Wasserfarbe) ausmalen. (Wer möchte, kann den Baum auch komplett selbst malen.)
5. In einer Schale rosafarbene Acrylfarbe mischen. Dazu rote und weiße Farbe in der gewünschten Zusammensetzung in die Schale geben und mit einem Pinsel mixen.

6. Den gemischten Rosaton und die weiße Acrylfarbe in Klecksen auf einen Pappteller geben.
7. Einen Streifen Luftpolsterfolie über die Hand ziehen. Die Noppen zeigen dabei nach außen! Folie in die Farbkleckse tunken. Nun werden vorsichtig die „Blüten" in die Baumkrone getupft. Wie viele Blüten der Baum haben soll, darf jeder selbst entscheiden.
8. Die Bilder werden anschließend zum Trocknen gelegt und können danach aufgehängt werden.

✷ Je nach Gruppenzusammensetzung kann auch gemeinsam ein großer Baum auf einen großformatigen Keilrahmen gemalt und bedruckt werden. Das Bild eignet sich dann wunderbar zum Aufhängen in einem Gemeinschaftsraum.

Programm

Die Fantasie anregen: Eine Knospe springt auf

Passend zum Barbaratag können Sie das schöne, inspirierende Bild einer aufspringenden Knospe ganz leicht mithilfe eines Chiffontuchs und der eigenen Hände nachahmen.

Material
- Chiffontücher in verschiedenen Farben (1 Tuch pro Person)

So wird's gemacht

1. Verteilen Sie die Chiffontücher. Richten Sie die Aufmerksamkeit zu Beginn auf das Material und die Farben der Tücher. Beschreiben Sie die Wirkung der Farben und die Leichtigkeit des Materials. Je nach Ressourcen der Teilnehmenden können Sie die Beschreibungen auch mit den Seniorinnen und Senioren gemeinsam erarbeiten.
2. Bitten Sie die Teilnehmenden, ihr Chiffontuch nun in ihren Händen „zu verstecken". Dafür liegt das Tuch zunächst in beiden Händen, die zu einer offenen Schale aneinandergelegt sind. Durch das Schließen der Hände (der Schale) wird das Tuch nun versteckt. Mit den Fingern und Daumen wird nachgeholfen, bis das Tuch so klein zusammengeknüllt ist, dass man es nicht mehr sehen kann.
3. Machen Sie eine kurze Pause und integrieren Sie, wenn möglich, eine kleine Atemübung. Dafür gemeinsam tief einatmen, kurz die Luft anhalten und wieder ausatmen. Die Atemübung dreimal wiederholen.
4. Lenken Sie nun die Aufmerksamkeit der Teilnehmenden wieder auf die Hände. Diese sind weiterhin geschlossen, und die Tücher sind darin versteckt.
5. Um die Knospe aufspringen zu lassen, werden die beiden Hände (die Schale) ganz langsam wieder geöffnet. Dabei quillt immer mehr von dem Tuch hervor. Es ist, als ob eine Knospe aufspringt.
6. Begleiten Sie die Übung, indem Sie das Auseinandergehen mit einem eigenen Tuch vormachen. Stoppen Sie das Aufspringen der Blüte, wenn Ihre Hände wieder die Form einer offenen Schale angenommen haben. Halten Sie die Blüte einen Moment lang ruhig in Ihren Händen.

6. Dezember Nikolaus

Zum Einstieg

- Traditionen, die ich mit Nikolaus verbinde, sind …
- Der Nikolaus beschenkt die Kinder mit …
- Stiefel und Schuhe putze ich …
- Helfer von Nikolaus sind …
- Folgende Lieder oder Gedichte rund um den Nikolaus gibt es …

Schon gewusst?

Den Gedenktag des heiligen Nikolaus feiern die Christen am 6. Dezember. Nikolaus von Myra wirkte zu Beginn des 4. Jahrhunderts in der heutigen Stadt Demre in der Türkei.

Um sein Leben und seine guten Taten halten sich zahlreiche Legenden, die uns alljährlich mit verschiedenen Bräuchen in Erinnerung gerufen werden.

Zu den bekanntesten Erzählungen über sein Wirken gehört wohl die der Rettung dreier Töchter eines armen Mannes, die ohne die sogenannte Mitgiftspende zu Prostituierten hätten werden müssen. Nikolaus warf an drei Abenden hintereinander je einen Klumpen Gold durch das Fenster ins Zimmer der drei jungen Frauen und bewahrte sie so vor einem Leben in Armut und Angst. Aufgrund dieser Legende wird der heilige Nikolaus oft mit drei goldenen Kugeln dargestellt.

Beim „Kornwunder" nahm er einen kleinen Teil des Korns von einem Schiff, das gerade Getreide für den Kaiser in Byzanz geladen hatte. Er verteilte es an die Menschen in Myra, die gerade wegen der großen Trockenheit Hunger leiden mussten. Sie konnten zwei ganze Jahre von dem entnommenen Korn leben, und auf dem Schiff fehlte nicht ein Gramm, als es beim Kaiser ankam.

Die dritte der bekanntesten Legenden um den heiligen Nikolaus ist die „Stillung des Seesturms", bei der Nikolaus Seeleute, die in einen Sturm geraten waren, gerettet haben soll.

Noch heute erinnern sich die Menschen an diese und viele weitere gute Taten und Wunder. Für die Kinder bringt der Nikolaus Süßigkeiten, Äpfel, Nüsse und Orangen. Diese werden, je nach Brauch und Region, in der Nacht vom 5. auf den 6. Dezember auf einen Teller oder in einen Schuh bzw. Stiefel gelegt - oder am frühen Abend des Nikolaustages von einem verkleideten „Nikolaus" gebracht. Manchmal hat der Nikolaus einen Gefährten in Gestalt des Knecht Ruprecht an seiner Seite.

Marzipankartoffeln

Speisen & Getränke

Auf vielen Nikolaustellern und in zahlreichen Nikolausstiefeln findet man die kleinen braunen Kugeln aus Marzipan. Sie sind ganz leicht selbst herzustellen. Der zeitliche Aufwand ist überschaubar, und die Seniorinnen und Senioren halten in relativ kurzer Zeit ein sichtbares und fühlbares Ergebnis in ihren Händen - das auch noch gut schmeckt.

Bereiten Sie die Schritte vor, bei denen die Teilnehmenden Unterstützung benötigen. Für Personen mit Einschränkungen im Bereich der Fingerbewegungen können Sie beispielsweise das Abzupfen und Formen der Kugeln übernehmen und der Person selbst das Rollen der „Kartoffel" im Kakaopulver überlassen.

Lassen Sie die Mitmachenden im Anschluss eine Marzipankartoffel probieren. Bieten Sie die restlichen auf einer gemeinsamen Nikolausfeier an, oder verpacken Sie jeweils ein paar in kleine Tütchen und verzieren Sie diese mit Bändern und Anhängern. Auch hieran können Sie Ihre Mitmachenden beteiligen. So werden aus den Marzipankartoffeln kleine selbst gemachte Aufmerksamkeiten, die entweder an die Türen gehängt werden können, als Mitgebsel dienen oder, beschriftet, ein Platzkärtchen sein können.

Das wird benötigt (für ca. 20 Stück)

- 1 EL Kakaopulver
- 200 g Marzipanrohmasse
- 150 g Puderzucker

- eine große Schüssel
- Schälchen
- Löffel
- Siebe

So wird's gemacht

1. Das Kakaopulver mithilfe eines Löffels durch ein Sieb in das Schälchen streichen.
2. Die Marzipanrohmasse in eine Schüssel geben und den Puderzucker darübersieben. Beides anschließend sorgfältig verkneten, bis kein Puderzucker mehr zu sehen ist.
3. Nun werden mit den Händen Kugeln aus der Masse geformt. Dafür kleine Portionen von der Marzipanmasse abzupfen und zwischen den Handflächen rollen, bis sie rund sind. Anschließend die Kugeln in dem gesiebten Kakaopulver wälzen.

✷ Statt die Marzipankartoffeln im Schälchen hin- und herzubewegen, kann auch das Schälchen selbst vorsichtig bewegt werden. Durch das Hin- und Herrollen der Kugeln bleibt das Kakaopulver an vielen Stellen haften. Für diese Variante sollte immer nur wenig Kakaopulver in dem Schälchen sein, damit die Kugeln ausreichend gut rollen können.

Programm

Schuhe putzen

Viele Kinder stellen am Vorabend des Nikolaustags einen Schuh vor die Tür, den der Nikolaus in der Nacht mit leckeren Sachen füllen soll. Natürlich muss der Schuh erst einmal gründlich geputzt werden, damit der Nikolaus ihn auch reichlich füllen möchte. Und so wollen auch wir zur Nikolauszeit Schuhe putzen.

Material

- verschiedene Arten Schuhe und Stiefel
- Schuhputzmittel (Lederpflege aus Tube oder Tiegel, Reinigungsschaum)
- feuchte Lappen
- Schuhbürsten
- Küchentücher oder Feuchttücher zum Händereinigen

✷ Halten Sie am Ende der Aktion für alle eine kleine Überraschung bereit, z.B. kleine Schokoladen-Nikoläuse, die Sie zum Schluss an die fleißigen Schuhputzenden verteilen können.

So wird's gemacht

1. Stellen Sie die Stiefel, Schuhe und die Schuhputzutensilien auf einen Tisch oder in die Mitte eines Stuhlkreises. Sprechen Sie über die verschiedenen Materialien, aus denen die Schuhe gefertigt sind, und darüber, wie man sie am besten und so schonend wie möglich putzt.
2. Wer möchte, darf sich nun einen Schuh aussuchen und gründlich reinigen, eventuell blank polieren. Natürlich dürfen auf Wunsch auch eigene Schuhe mitgebracht und gereinigt werden.

✷ Die blank geputzten Schuhe können zum Nikolaus-Tag vor die Tür des Gruppenraums gestellt werden. Vielleicht kommt ja der Nikolaus vorbei und füllt sie mit Leckereien

Zusammen nähen: Nikolausstiefel

Auch Ungeübte können einen einfachen Nikolausstiefel nähen. Mit Filzstoff, Nadel, Faden und Dekorationselementen gelingt ein schnelles und im wahrsten Sinne des Wortes greifbares Erfolgserlebnis.

Kopiervorlage S. 155

Material

- Kopiervorlage: Stiefel
- Filzstoff (z.B. in Rot, Dunkelrot oder Grün)
- Stoffklammern
- Nähgarn oder Stopfgarn in verschiedenen Farben
- Nähnadeln (nicht zu dünn)
- Dekorationselemente wie Schleifen, Knöpfe, Klebesterne
- Schere
- evtl. Heißklebepistole

So wird's gemacht

1. Übertragen Sie für alle Teilnehmenden die Vorlage auf doppelt liegenden Filzstoff und schneiden Sie sie aus. Bringen Sie an den Rändern der beiden Stofflagen ein paar Stoffklammern an, die die beiden Lagen zusammenhalten.
2. Nun werden die Kanten (bis auf die Öffnung oben) zusammengenäht. Den fertigen Stiefel auf Wunsch umdrehen, sodass die Naht innen liegt. Farbige Nähte können auch außen bleiben – sie haben eine dekorative Wirkung.
3. Jetzt kann der Stiefel nach Belieben mit den Deko-Elementen verziert werden. Sternchen werden aufgeklebt, bunte Knöpfe angenäht oder Schleifen und Bänder angebracht.

Bewegungsgedicht: „Holler boller Rumpelsack"

Material

- 2 Walnüsse pro Person

So wird's gemacht

1. Die Mitmachenden nehmen in jede Hand eine Walnuss. Die Walnuss wird mit Daumen und Fingerspitzen festgehalten, die Handflächen zeigen nach unten und die Hände liegen locker auf dem Tisch.
2. Tragen Sie das Gedicht langsam vor und steigern Sie dann, je nach Fähigkeiten der Gruppe, das Tempo. Machen Sie gleichzeitig die Bewegungen vor und laden Sie die Seniorinnen und Senioren ein, Ihre Bewegungen nachzumachen.
3. Wiederholen Sie dies einige Male. Berücksichtigen Sie dabei die Konzentrationsfähigkeit und die Ressourcen der Teilnehmenden. Passen Sie die Bewegungen gegebenenfalls entsprechend an. Eine sehr leichte Variante wäre es zum Beispiel, wenn die Teilnehmenden durchgehend mit den Nüssen im Sprechrhythmus auf den Tisch klopfen und dabei gemeinsam das Gedicht mitsprechen.

Holler boller Rumpelsack,

- *die Walnüsse in kleinen Kreisen über den Tisch bewegen*

Niklas trug ihn huckepack.

- *mit den Walnüssen im Sprechrhythmus links und rechts abwechselnd auf den Tisch klopfen*

Weihnachtsnüsse gelb und braun,

- *die Unterarme nach vorn ausstrecken, die Handinnenflächen nach oben drehen, die Hände öffnen, sodass die Walnüsse zu sehen sind*

runzlig, punzlig anzuschaun.

- *bei „runzlig" linke Hand schließen und Handrücken nach oben drehen*
- *bei „punzlig" rechte Hand schließen und Handrücken nach oben drehen*

- *bei „anzuschaun" mit beiden Nüssen im Sprechtakt 3-mal auf den Tisch klopfen)*

Knackt die Schale, springt der Kern,

- *bei „knackt" und „springt" die Walnüsse in der Luft gegeneınanderschlagen*

Weihnachtsnüsse ess ich gern.

- *bei „Weihnachtsnüsse" die Arme nach oben in die Luft strecken*
- *bei „ess ich gern" die Arme wieder herunternehmen*

Komm bald wieder in dies Haus,

- *die Walnüsse in kleinen Kreisen über den Tisch bewegen*

guter alter Nikolaus!

- *mit den Walnüssen im Sprechrhythmus mit beiden Händen gleichzeitig auf den Tisch klopfen*

(Verfasser des Gedichts: Albert Sergel)

Gemeinsam singen: „Lasst uns froh und munter sein"

„Lasst uns froh und munter sein" ist eins der bekanntesten und beliebtesten Nikolauslieder. Es wird auf vielen Nikolausfeiern gesungen und darf auch hier nicht fehlen.

Begleiten Sie den Refrain nach Belieben mit rhythmischem Klatschen oder anderen Bewegungen, die Freude machen.

1. Lasst uns froh und munter sein
und uns recht von Herzen freun!
Lustig, lustig, tralalalala,
bald ist Nikolausabend da,
bald ist Nikolausabend da!

2. Bald ist unsre Schule aus,
dann ziehn wir vergnügt nach Haus.
Lustig, lustig, tralalalala,
bald ist Nikolausabend da,
bald ist Nikolausabend da!

3. Dann stell ich den Teller auf,
Niklaus legt gewiss was drauf.
Lustig, lustig, tralalalala,
bald ist Nikolausabend da,
bald ist Nikolausabend da!

4. Wenn ich schlaf, dann träume ich,
jetzt bringt Niklaus was für mich.
Lustig, lustig, tralalalala,
bald ist Nikolausabend da,
bald ist Nikolausabend da!

5. Wenn ich aufgestanden bin,
lauf ich schnell zum Teller hin.
Lustig, lustig, tralalalala,
heut ist Nikolausabend da,
heut ist Nikolausabend da!

6. Niklaus ist ein guter Mann,
dem man nicht genug danken kann.
Lustig, lustig, tralalalala,
heut ist Nikolausabend da,
heut ist Nikolausabend da!

24.–26. Dezember
Heiligabend – Weihnachten

Zum Einstieg

- Zum Schmuck eines Weihnachtsbaums gehört für mich …
- Geschenke zu Weihnachten sind …
- Einen Adventskalender habe ich …
- Der Adventskranz ist …
- Zu einem Weihnachtsessen gehört …
- In einem Krippenspiel wird …
- Weihnachtlieder, die ich mag, sind …
- Geschenke bringt am Heiligen Abend …
- Ein Gottesdienst zu Weihnachten ist …

Schon gewusst?

An Weihnachten wird im Christentum der Geburt Jesu gedacht. Es ist neben Ostern und Pfingsten eines der drei Hochfeste des Kirchenjahrs. Die Feierlichkeiten beginnen am Abend des 24. Dezember, dem Heiligen Abend. An den Heiligen Abend schließen sich der erste und der zweite Weihnachtstag als Feiertage an.

Auf die Weihnachtsfeiertage wird in der Adventszeit eingestimmt. Mit dem ersten Adventssonntag beginnt in der christlichen Kirche das neue Kirchenjahr.

Für die Kinder ist Weihnachten wohl das faszinierendste Fest im Jahreskreis. Die Vorfreude wird in der Adventszeit durch einen Adventskalender begleitet. Er gibt einerseits ein Gefühl dafür, wie viele Tage es noch bis

Weihnachten dauert, und andererseits macht er die Wartezeit auf das Fest angenehmer durch die kleinen Geschenke oder Süßigkeiten, die meist darin enthalten sind.

Die lang ersehnte Bescherung findet am Abend des 24. oder am Morgen des 25. Dezember statt. Geschenkebringer ist das Christkind oder der Weihnachtsmann - je nach der individuellen Familientradition.

Für viele Menschen gehört der Besuch eines Gottesdienstes am Heiligen Abend oder am Morgen des ersten Weihnachtsfeiertages zu den weihnachtlichen Traditionen. Der Weihnachtsgottesdienst wird besonders feierlich gestaltet. Dabei werden bekannte Weihnachtslieder gesungen, oft begleitet von Chören, wie etwa „Stille Nacht", „O du fröhliche" und „Gloria in excelsis Deo".

In den meisten Familien erstrahlt ein feierlich geschmückter und mit Lichtern besteckter Weihnachtsbaum. Und unter dem Weihnachtsbaum warten, liebevoll verpackt, die Geschenke.

Auch leckeres Essen und die Zusammenkunft der Großfamilien gehören bei vielen Menschen zu den festen Traditionen an den Weihnachtsfeiertagen.

Ein Krippenspiel

Programm

Besonders in Familiengottesdiensten wird an Weihnachten oft ein Krippenspiel aufgeführt, das die traditionelle Weihnachtsgeschichte erzählt. Das kann die klassische Weihnachtsgeschichte aus einem der Evangelien sein, aber auch oft die Geschichte aus Sicht einer der handelnden oder außenstehenden Personen.

Als ein Highlight für Ihre Weihnachtsfeier oder den Weihnachtsgottesdienst haben wir ein Krippenspiel vorbereitet, an dem sich Seniorinnen und Senioren ohne Mühe beteiligen können. Bevor Sie die folgende Geschichte vorlesen, basteln Sie mit den Teilnehmenden folgende fünf Figuren nach den entsprechenden Kopiervorlagen: ein Schaf, einen Stern, einen Stall, einen Esel und einen Engel.

Kopiervorlage S.158-161

Material
- Kopiervorlage: je 1 Farbkopie Schaf, Stern, Stall, Esel, Engel
- 5 (oder mehr) Stäbe oder Rundhölzer
- Klebefilm
- Schere
- Laminiergerät

So wird's gemacht

1. Die fünf Bilder kopieren und ausschneiden. Anschließend laminieren.
2. Die laminierten Bilder mit Klebefilm an den Stäben befestigen.
3. Wer möchte, nimmt vor dem Lesen der Geschichte einen der Stäbe in die Hand. Jedes Mal, wenn eines der Wörter **Schaf, Stern, Stall, Esel** oder **Engel** fällt, hebt die Person mit dem betreffenden Stab ihr Bild in die Höhe. Je nach Ressourcen der Mitmachenden können Sie beim Lesen die Schlüsselwörter besonders betonen und hervorheben.

✷ Es ist auch möglich, dass eine Rolle an mehrere Personen vergeben wird. Das Stab-Bild muss dann in mehrfacher Ausfertigung vorhanden sein.

Eine ganz besondere Nacht

Es war einmal ein kleines **Schaf**. Das kleine **Schaf** lebte zufrieden mit seiner Herde in einer Stadt namens Bethlehem. Es fühlte sich wohl dort. Das kleine **Schaf** hatte alles, was es brauchte. Es hatte seine Familie um sich, immer genug zu grasen und ein schönes Zuhause.

Eines Tages, es war gerade Abend geworden und die **Schafe** waren dabei, sich für die Nacht aneinanderzukuscheln, machte sich ein ganz besonderes Gefühl in ihm breit. Das kleine **Schaf** wusste nicht, was es bedeuten sollte, aber es wurde aufmerksam. Es schaute zum Himmel. Es war ein besonderer Himmel an diesem Abend. Irgendetwas war anders als sonst.

Das kleine **Schaf** stutzte und schaute mit großen Augen nach oben. Eine Augenbraue hob sich. Dieser **Stern** da, der eine dort oben am Himmel, war ihm noch nie aufgefallen. Er leuchtete heller als die anderen **Sterne** um ihn herum. Er leuchtete heller als alles andere, was das kleine **Schaf** je gesehen hatte. Eine Weile stand es regungslos da und schaute nur auf den hellen **Stern**. Es neigte den Kopf zur Seite. Bewegte sich der **Stern** etwa?

Das kleine **Schaf** wurde ganz aufgeregt und stupste seine Eltern und Geschwister an. Die waren aber schon eingeschlafen. Und wenn die einmal eingeschlafen waren, war da nichts mehr zu machen.

Das **Schaf** schaute auf den **Stern**, der sich tatsächlich von ihm wegbewegte. Unschlüssig drehte es sich um. Eigentlich sollte es sich nicht allein auf den Weg machen. Es war aber nun einmal niemand wach. Und das **Schaf** hatte das eindringliche Gefühl, diesem **Stern** unbedingt folgen zu müssen. Langsam setzte es einen Schritt vor den anderen. Nach einer Weile wurde es immer schneller und ließ den **Stern** nicht mehr aus den Augen. Ein freudiges Gefühl breitete sich in ihm aus. „Ist das etwa Vorfreude?", fragte es sich. „Aber auf was?" Das kleine **Schaf** spürte eine wohlige Wärme, die sich in ihm ausbreitete. Es fühlte sich sicher und geborgen.

Nachdem es mit dem **Stern** eine Weile durch die Nacht gegangen war, blieb der **Stern** plötzlich stehen. Das kleine **Schaf** stutzte und blinzelte einige Male. Ja, der **Stern** war tatsächlich stehen geblieben. Es schaute sich um. In einiger Entfernung stand ein **Stall**. Es kannte den **Stall** von den vielen Spaziergängen, die es tagein, tagaus machte. Aber warum war der denn plötzlich so hell?

Es richtete seinen Blick in den Himmel. Da stand er. Hell und groß. Der **Stern**. Er leuchtete genau über dem **Stall**, vor dem das kleine **Schaf** stand. Ein freudiges Gefühl lockte das **Schaf** in den **Stall**. Das Licht des **Stern**s drang durch die Lücken zwischen den Brettern in den **Stall** hinein und zauberte ein ganz besonderes Licht. Das **Schaf** schaute sich um. Ein **Esel** hatte es sich in dem Stroh gemütlich gemacht und sah es mit seinen großen dunklen Augen an. Lächelte er sogar?

Und was war das? Die Futterkrippe war mit weichem Heu ausgelegt. In dem Heu lag ein kleines Wesen. Friedlich eingekuschelt in ein paar Tücher schaute es das **Schaf** an. Der **Esel** beobachtete die beiden mit liebevollen

Blicken. Die Atmosphäre in dem **Stall** war so besonders und so schön, dass sie mit Worten nicht zu beschreiben war. Das **Schaf** fühlte sich unglaublich wohl und willkommen.

Die beiden Eltern des kleinen Wesens, das da in der Futterkrippe lag, sahen erschöpft aus. Aber glücklich. Das Gleiche dachte das **Schaf** über den **Esel**. Der lag ganz konzentriert neben dem kleinen **engel**sgleichen Wesen und achtete darauf, dass es ihm gut ging. Das kleine **Schaf** beobachtete, wie liebevoll der **Esel** das Kind in der Krippe anschaute. Ihm wurde in diesem besonderen **Stall** ganz warm ums Herz. Und obwohl es den **Stern** am Himmel nicht mehr vor Augen hatte, spürte es sein Licht ganz tief in sich leuchten. Das kleine **Schaf** sah den **Esel** an und zögerte. Der aber warf ihm einen einladenden Blick zu. Voller Vertrauen ging das **Schaf** zu ihm und legte sich neben ihn und die Krippe. Noch nie hatte es sich in einem **Stall** so wohl gefühlt. Für einen Augenblick herrschte vollkommene Stille.

Dann ertönten von draußen liebliche Stimmen. Erst waren sie ganz leise. Dann wurden sie immer lauter. Das kleine **Schaf** hob seinen Kopf und sah durch eine der Lücken in der **Stall**wand, dass eine Schar **Engel** neben ihnen schwebte. Es hörte, wie sie vom Frieden in der Welt sangen, von Hoffnung und Zuversicht. Es lächelte das Kind in der Krippe an, das es so vertrauensvoll mit seinen großen Augen anschaute. Und auch das warme Licht, das die **Engel** umhüllte, berührte das kleine **Schaf** zutiefst. Es erhob sich und ging langsam und leise zur **Stall**tür. Das kleine **Schaf** drehte sich noch einmal um und nahm das Bild, das sich ihm bot, ganz tief in sich auf. Das Kind in der Futterkrippe, der **Esel** und seine Eltern daneben. Die erschöpften und sogleich dankbaren und friedvollen Gesichter.

Es spürte eine tiefe innere Zufriedenheit, die noch größer wurde, als es vor die **Stall**tür trat. Das Licht, das die **Engel** umhüllte, hüllte auch das kleine **Schaf** in einen warmen Schein, der es sicher in der dunklen Nacht willkommen hieß. Auch seine Familie war dem **Stern** und dem **Engel**sgesang gefolgt und nahm es glücklich vor dem **Stall** in Empfang. Sie alle lauschten noch lange dem lieblichen Gesang der **Engel**schar, bis sie sich dankbar und voller Hoffnung auf den Heimweg machten.

31. Dezember
Silvester

Zum Einstieg

- Typische Silvestertraditionen sind …
- Speisen und Getränke, die zum Silvesterabend dazugehören, sind …
- Feuerwerk finde ich …
- Im Fernsehen schaue ich an Silvester …
- Meine Meinung zu guten Vorsätzen für das neue Jahr ist …

Schon gewusst?

An Silvester wird das alte Jahr verabschiedet. Es gibt einige Traditionen, die fest mit dem Silvesterabend verknüpft sind. Es werden Glücksbringer verschenkt, die einem ein gutes neues Jahr sichern sollen. Der Fernseher wird eingeschaltet, um bei „Dinner for One" herzhaft zu lachen. Und es werden Krapfen genascht, um eine gute Grundlage für das Anstoßen zu später Stunde zu haben.

Viele Seniorinnen und Senioren werden sich an Fondue- oder Raclette-Abende im Freundeskreis erinnern, an Tanzmusik und leuchtendes Feuerwerk.

Programm

Zum Vorlesen

Die guten Vorsätze

Hilke schaut Michael fest entschlossen an: „Es ist an der Zeit für die guten Vorsätze!"

Die beiden verbringen den Silvesterabend in diesem Jahr ganz ruhig zu Hause, und Michael schaut ein bisschen gequält, als Hilke ihre Ankündigung macht. „Gute Vorsätze? Die haben wir doch schon so oft gefasst. Wir wollten schlanker werden, mehr Sport machen, gesünder essen und weniger fernsehen. Nichts davon haben wir je durchgehalten, und wir fassen die Vorsätze, seitdem wir verheiratet sind. Seit 27 Jahren!"

„Hmm", antwortet Hilke und klingt nachdenklich, „ich habe mal den schlauen Satz gehört, dass man nicht erwarten kann, dass ein anderes Ergebnis herauskommt, wenn man Dinge immer auf die gleiche Art und Weise tut. Wir fassen seit 27 Jahren die gleichen Vorsätze auf die gleiche Art und Weise. Vielleicht müssen wir es diesmal einfach ganz anders machen?"

Jetzt sieht Michael nachdenklich aus „Was meinst du denn mit *ganz anders machen*?", möchte er wissen.

„Nun ja", fängt Hilke an zu erklären, „wir reden immer nur über die Vorsätze - vielleicht sollten wir sie diesmal aufschreiben."

„Aufschreiben", wiederholt Michael skeptisch. „Und das soll etwas ändern?"

Hilke lässt sich durch Michaels zweifelnden Blick nicht beirren. „Das reicht natürlich nicht. Wichtig ist auch, dass wir andere Vorsätze fassen. Schau mal, das Hauptproblem mit den Vorsätzen, die wir bis jetzt immer gefasst haben, ist doch, dass sie keinen Spaß machen. Wir müssen Vorsätze fassen, die uns Freude bereiten. Mehr Freude im Leben zu haben, ist doch ein gutes Ziel für das neue Jahr."

Michaels Blick hat sich verändert. Er schaut jetzt interessiert. „Vorsätze, die Freude bereiten? Was wäre denn so ein Vorsatz?"

„Na, wir wollten immer nur mehr Sport machen, aber wir gehen nun mal nicht gerne ins Fitnessstudio. Weißt du, was uns immer großen Spaß macht?

Wandern gehen! Wie wäre es also, wenn wir uns vornehmen, an jedem regenfreien Samstag wandern zu gehen?"

Michael ist aufgestanden, um Zettel und Stifte zu holen. „Oh, das gefällt mir", gibt er zu, während er eifrig ‚an regenfreien Samstagen wandern gehen' auf einen Zettel schreibt. Er schaut freudestrahlend auf. „Ich habe auch eine Idee. Wir wollten doch immer gesünder essen, aber unsere Lieblingsgerichte haben uns mit mehr Gemüse und weniger Fett einfach nicht mehr so gut geschmeckt. Aber weißt du, was uns geschmeckt hat? Diese Gerichte mit viel Gemüse und wenig Fett von dem neuen asiatischen Restaurant an der Ecke. – Und die Gemüse-Antipasti-Platte von Giovanni ist doch auch gesund und vor allem so lecker, dass ich nicht mal Brot dazu brauche. Wie wäre es, wenn wir einmal in der Woche gesund essen gehen?"

Jetzt strahlen Hilkes Augen. „Oh, das sind zwei großartige Vorsätze", freut sie sich. „Und wenn wir einmal in der Woche essen gehen und einmal in der Woche wandern, haben wir auch nicht mehr so viel Zeit fernzusehen!"

Michael gibt Hilke einen Kuss. Das neue Jahr kann kommen, und diesmal freuen sich die beiden darauf, ihre guten Vorsätze in die Tat umzusetzen.

Bewegungen, die das Glück sichern

Diese pantomimischen Bewegungen beziehen sich auf fiktive Glücksbringer. Sagen Sie die Bewegungen an und machen Sie sie vor. Die Seniorinnen und Senioren machen sie anschließend nach – oder erfinden ihre eigene Variante. Alle Bewegungen werden mehrfach wiederholt.

- Wir werfen ein Glückspfennig in die Luft und fangen ihn wieder auf.
- Wir stecken den Glückspfennig lieber in unser Sparschwein, einmal mit der linken Hand, einmal mit der rechten Hand.
- Wir beschlagen ein Pferd mit einem Hufeisen, einmal mit der rechten Hand, einmal mit der linken Hand.
- Wir sind keine besonders guten Hufschmiede, und das Pferd hat das Hufeisen wieder verloren. Wir hängen das Hufeisen also lieber weit oben auf.
- Während wir das Hufeisen aufgehängt haben, hat sich ein Marienkäfer auf unsere Hand gesetzt. Wir führen die flache Hand vorsichtig zu un-

serem Mund und pusten den Marienkäfer an, um ihn zum Loszufliegen zu animieren.

- Da sehen wir unseren Freund, den Schornsteinfeger, der uns freundlich um Hilfe bittet. Wir helfen gern und klettern mit ihm zusammen die Leiter zum Dach hinauf.
- Dann helfen wir ihm, mit dem Kehrbesen den Schornstein zu reinigen.
- Nun steigen wir die Leiter wieder herab.
- Gegenüber ist der Stall mit den niedlichen Schweinen, wir werfen ein paar alte Brötchen in den Stall.
- Auf dem Weg nach Hause freuen wir uns, weil wir ein vierblättriges Kleeblatt finden. Wir pflücken es.

✷ Die Bewegungen werden im Sitzen durchgeführt. Wenn die Feiernden an Tischen sitzen, ist es empfehlenswert, dass sie mit ihrem Stuhl etwas nach hinten rücken.

Silvesterfeuerwerk

Bei manchen älteren Menschen kann das Zünden von Knallkörpern oder Feuerwerkskörpern negative Erinnerungen an erlebte Bombenangriffe in der Kindheit wachrufen. Bedenken Sie dies, bevor Sie ein echtes Silvesterfeuerwerk planen. Wenn Sie mit Seniorinnen und Senioren feiern, die sich noch selbst dazu äußern können, dann fragen Sie einfach nach, ob ein Feuerwerk willkommen ist oder nicht. Wenn Ihre Teilnehmenden sich nicht mehr äußern können, verzichten Sie lieber darauf, da ein Feuerwerk selbst bei Menschen, die keine eigenen Erinnerungen an Bombenangriffe haben, leicht Ängste auslösen kann.

Alternativen zum Feuerwerk

- Wie wäre es, wenn Sie Krapfen servieren und jeden Krapfen feierlich mit einer Wunderkerze bestücken? Aber auch ohne Krapfen können Wunderkerzen Freude bringen. Achten Sie auf die Sicherheitshinweise der Hersteller.
- Bei großen Sportveranstaltungen sieht man es immer wieder: Sportler oder Zuschauer lassen mit Händen und Füßen „eine Rakete steigen“. Das macht Stimmung und lässt sich leicht nachmachen: Erst trampeln

alle langsam und leise auf den Boden und werden dann immer schneller und lauter. Die ausgestreckten Arme zeigen dabei zuerst nach unten und werden im Verlauf des lauter werdenden Getrampels nach oben gehoben, bis sie hoch zur Decke zeigen. Jetzt darf laut gejubelt werden. In fitten Gruppen können die Teilnehmenden beim „Raketenstart" aufstehen.

- Es gibt im Handel günstig sogenannte Knicklichter zu kaufen. Diese kleinen Leuchtstäbe leuchten in Neonfarben, wenn man sie geknickt hat. Mit den beiliegenden Verbindern, kleinen und kurzen Kunststoffhülsen, werden daraus im Handumdrehen Armbänder. Wenn das Licht heruntergedreht wird und alle die Arme zur Silvester-Musik schwenken, ergibt das ein sehr schönes, bunt leuchtendes Bild.

Was die Zukunft wohl bringt? Das Apfelschalen-Orakel

Bleigießen, um die Zukunft vorherzusagen, ist eine alte Silvestertradition. Da Blei giftig ist, wurde Bleigießen jedoch mittlerweile verboten. Als Alternative wird im Handel Zinngießen und Wachsgießen angeboten.

Ob dies bei einer Feier mit älteren Menschen ohne Sicherheitsbedenken durchgeführt werden kann, hängt stark von der Gruppengröße und -zusammensetzung ab.

Eine schöne und ungefährliche Alternative zu diesem Brauch ist ein Apfelschalen-Orakel. Dafür schälen Sie oder, wenn möglich, die Seniorinnen und Senioren selbst einen Apfel „in einem Rutsch", sodass die Schale ein zusammenhängendes Stück ist. Die Person, die mehr über ihre Zukunft wissen möchte, wirft die Apfelschale hinter sich. Dann wird geschaut, welchen Buchstaben die Apfelschale vielleicht abbildet. Der Buchstabe sagt voraus, was das neue Jahr bringen wird. (Alle Angaben ohne Garantie und Gewähr!)

A Attraktivität	**E** Erfolg	**I** Inspiration	**M** Mut	**Q** Qualität	**U** Unbe-schwertheit	**Y** Yogamäßige Entspannung
B Belohnung	**F** Freundschaft	**J** Jubel	**N** Nützlichkeit	**R** Reichtum	**V** Vermögen	**Z** Zielstrebigkeit
C Chancen	**G** Glück	**K** Kraft	**O** Optimismus	**S** Schönheit	**W** Weisheit	
D Dankbarkeit	**H** Hochgefühl	**L** Liebe	**P** Perfektion	**T** Triumph	**X** X-fache schöne Erlebnisse	

Im Anschluss an das Apfelschalen-Orakel nehmen alle gemeinsam einen gesunden Apfelsnack zu sich.

Raunächte

- Mit den Raunächten verbinde ich …
- Rummelpottlaufen ist etwas …
- Zwischen den Jahren Wäsche waschen …

Zum Einstieg

Schon gewusst?

Als Raunächte werden die Tage zwischen den Jahren bzw. rund um den Jahreswechsel bezeichnet. Die Zeit der Raunächte beginnt meist am ersten Weihnachtsfeiertag, dem 25. Dezember, und endet am 6. Januar, am Dreikönigsfest. Mancherorts beginnt sie auch schon in der Nacht vom 21. auf den 22. Dezember: Je nach Region gibt es drei bis zwölf Raunächte.

Früher wurde den Raunächten nachgesagt, dass sie das Wetter für das kommende Jahr bestimmen. Generell werden nach altem Brauch in der Zeit der Raunächte die bösen Geister vertrieben und die Weichen rund um Glück und Gesundheit für das neue Jahr gestellt. Es ist die Zeit der Besinnung, eine Zeit, in der das alte Jahr in Ruhe enden und das neue gleichermaßen beginnen soll.

Während der Raunächte durfte dem Brauch nach keine weiße Wäsche auf den Leinen hängen, und im Haus sollte es ordentlich sein. Der Brauch, zwischen den Jahren auf das Wäschewaschen zu verzichten, wird auch heute noch in manchen Familien weitergeführt.

Die Rauhnächte sind außerdem die Zeit des Räucherns: Während früher mit Weihrauch böse Geister vertrieben wurden, soll das Ausräuchern des Zuhauses für positive Energien sorgen. Welche Kräuter hierfür verwendet werden, hängt ganz vom persönlichen Geschmack ab.

Programm

Zwiebelkalender

Ein Zwiebelkalender soll in den Raunächten vorhersagen, wie das Wetter in den kommenden zwölf Monaten werden wird. Anhand der in dem Zwiebelkalender entstandenen Feuchtigkeit soll die Regenmenge für den entsprechenden Monat vorherbestimmt sein.

Material
- Zwiebel
- Gemüsemesser
- Salz
- Schälchen und Teelöffel
- Papier
- Filzstift

So wird's gemacht

1. Die Zwiebel schälen und vierteln. Von den Vierteln die äußeren drei Schichten voneinander lösen. Diese Zwiebelteile mit der Wölbung nach unten in einem großen Kreis auf den Tisch legen. Jedem Zwiebelstück den Namen eines Kalendermonats geben: Dafür die Monatsnamen auf zwölf Zettel schreiben und die Namenskärtchen außen um den Zwiebelkreis herumlegen.
2. Nun wird Salz auf die einzelnen Zwiebelstücke gestreut. Das geschieht, abhängig von den motorischen Fähigkeiten der Mitmachenden, mit den Fingern oder einem Teelöffel.
3. Am nächsten Morgen wird das Zwiebel-Orakel befragt: An der Menge der Feuchtigkeit, die sich in den Zwiebelstückchen gebildet hat, wird abgelesen, in welchem Monat der meiste Regen fällt.

Schauen Sie sich die Zwiebelstücke gemeinsam an.

- In welchem Monat wird laut Zwiebelkalender der meiste Regen fallen?
- In welchem der wenigste?
- Gibt es evtl. eine Jahreszeit, in der besonders viel Regen fallen soll?
- Oder eine Jahreszeit, in der sehr wenig Regen vorhergesagt ist?

✷ Bringen Sie die Ergebnisse des Zwiebelkalenders innerhalb des kommenden Jahres immer mal wieder in ihre Begegnungen mit den Seniorinnen und Senioren ein. Sprechen Sie darüber, ob der Kalender Recht hatte oder ob das Wetter seine eigenen Wege geht …

September
Oktober
August
November
Juli
Dezember
Juni
Januar
Mai
April
März
Februar

Anhang

Kopiervorlagen

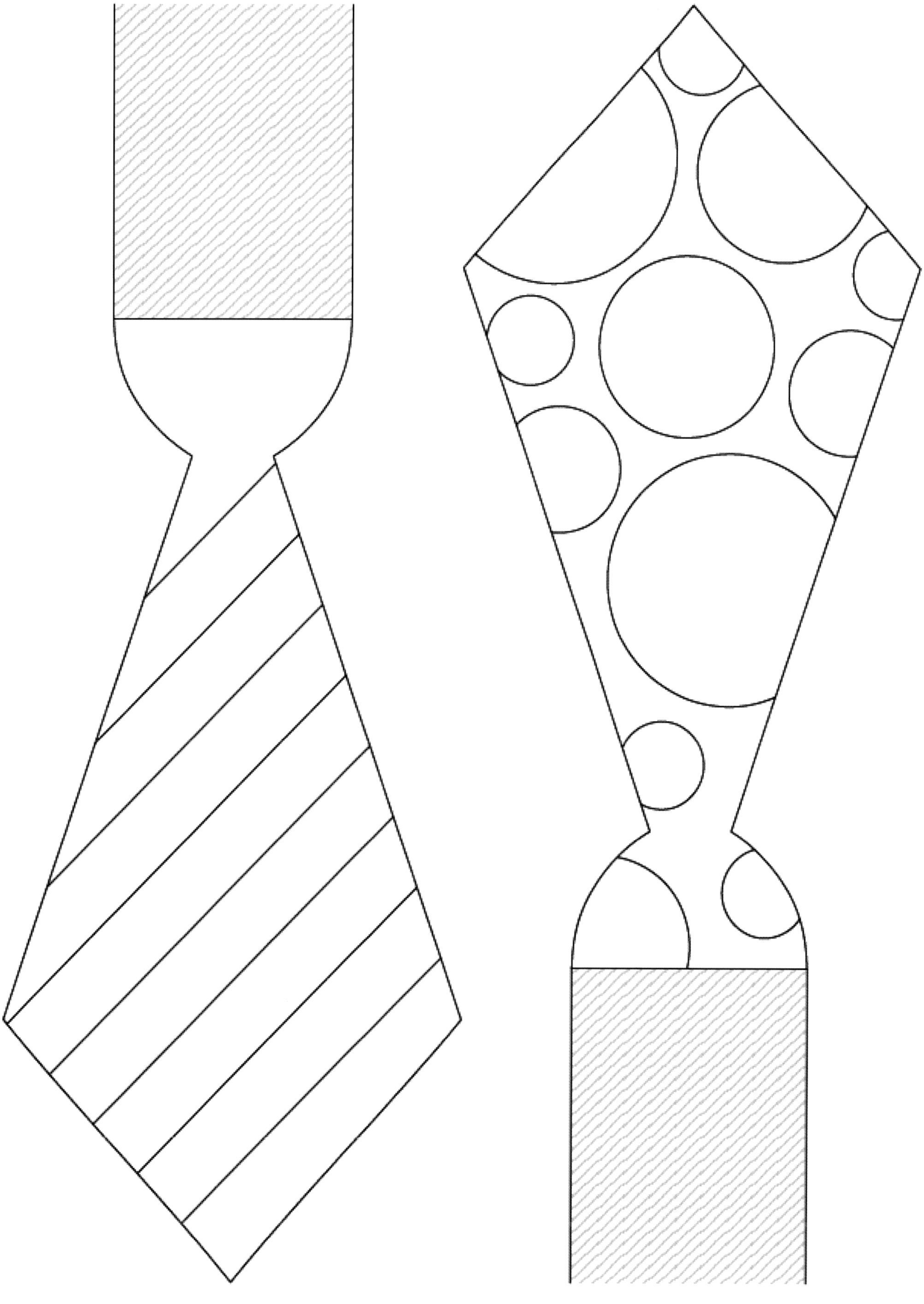

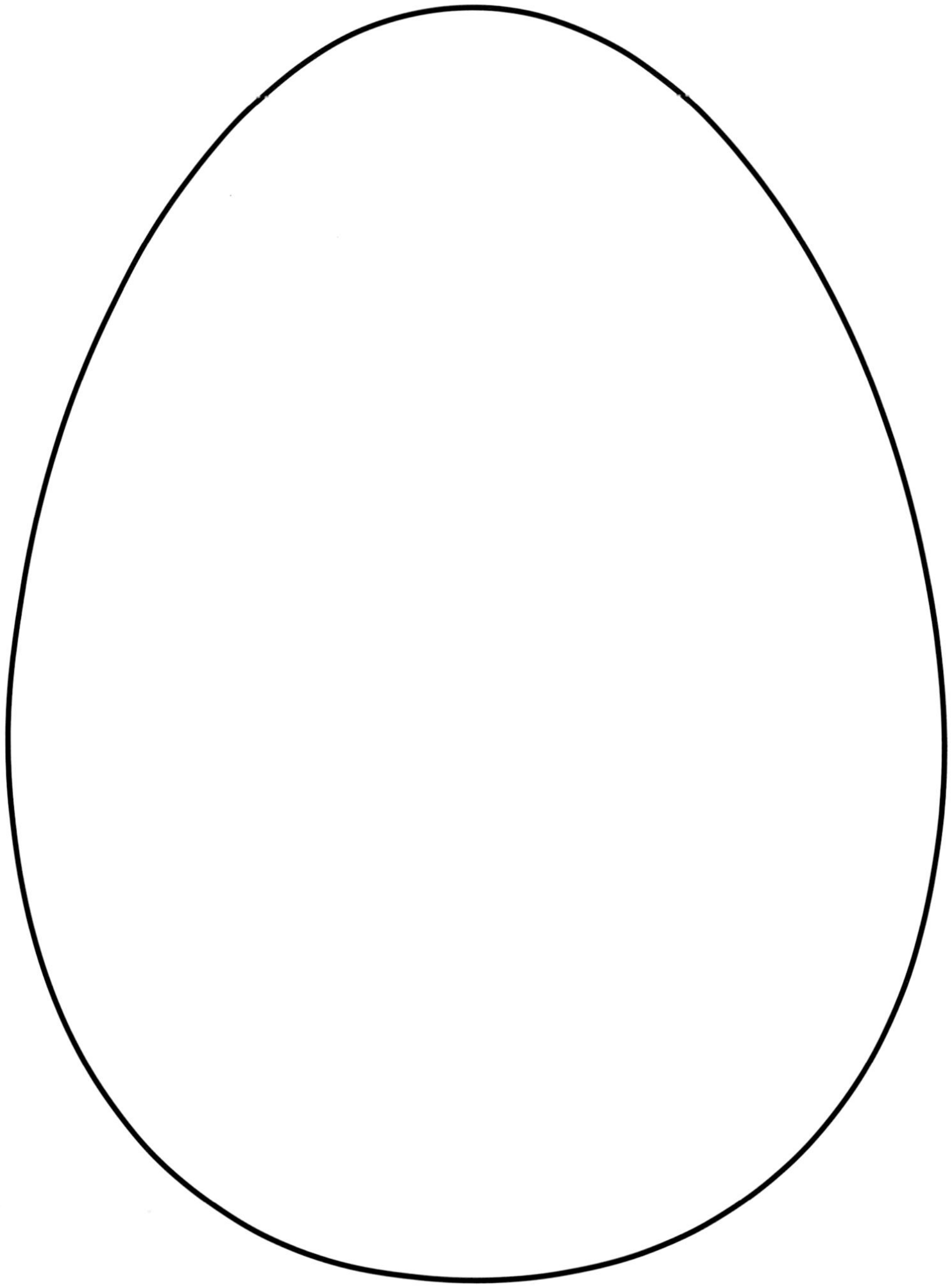

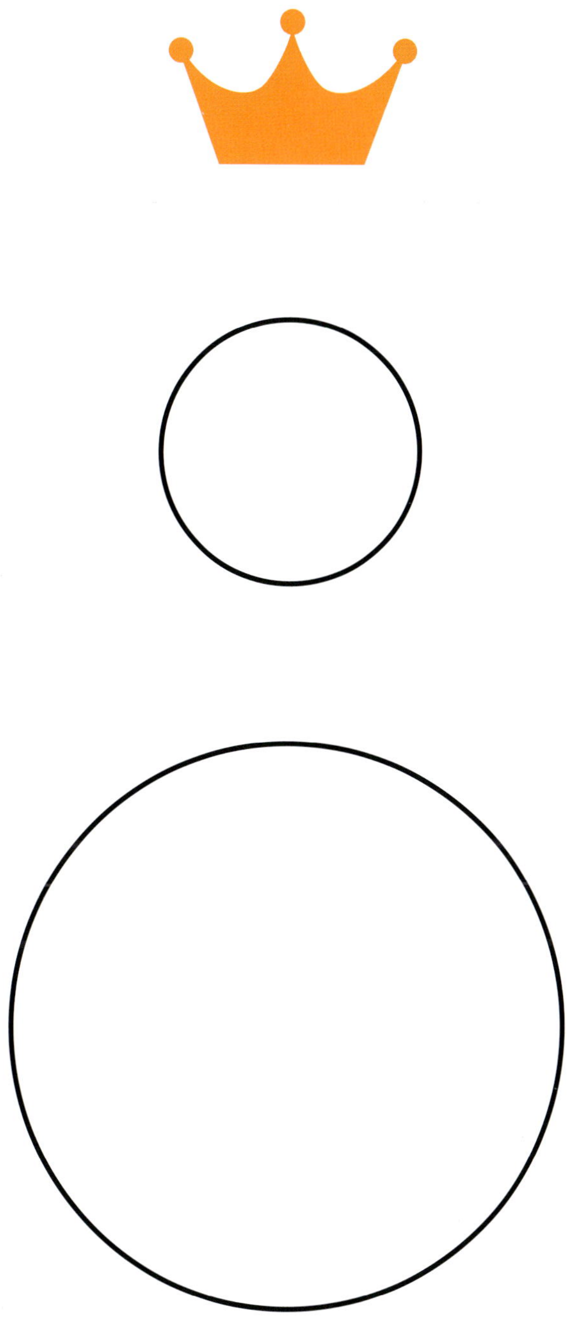

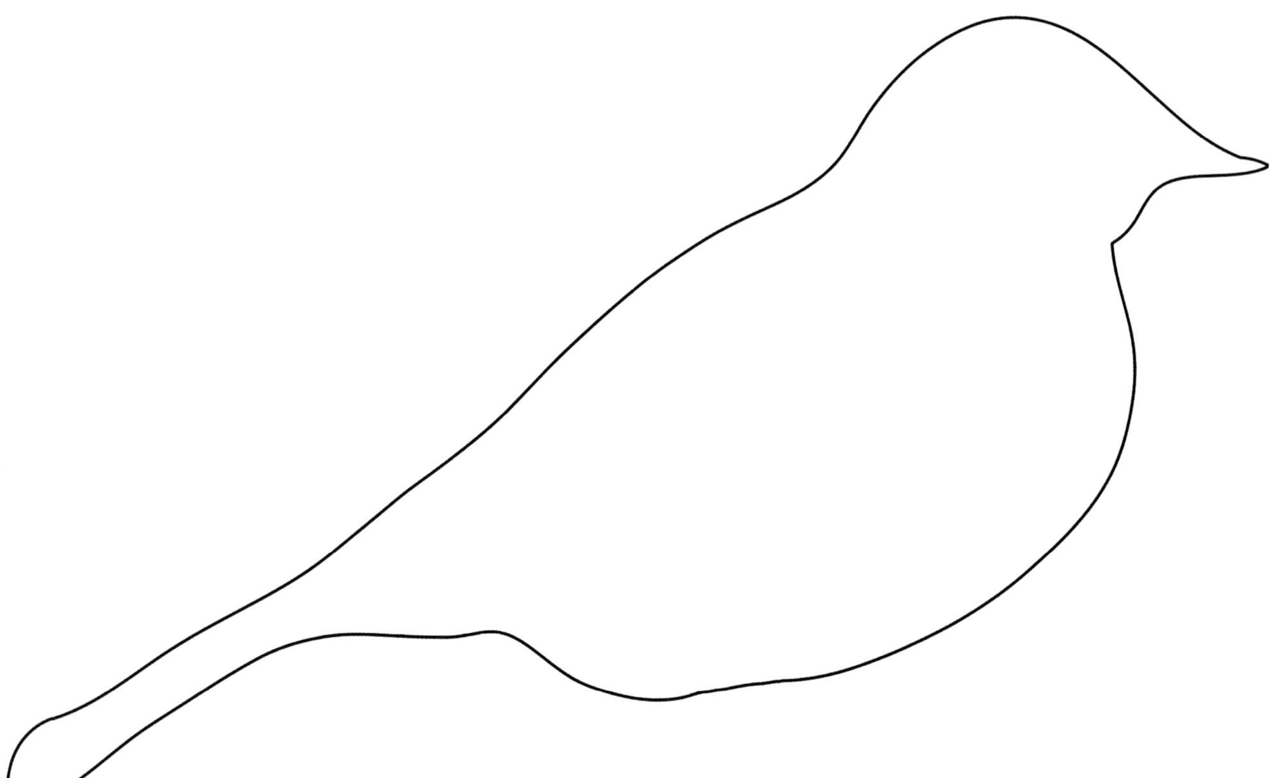

Wie das Wetter am Siebenschläfer sich verhält,	... ist es sieben Wochen lang bestellt.
Der Siebenschläfer-Regen,	... der bringt dem Lande keinen Segen.
Regnet's am Siebenschläfertag,	... der Regen sieben Wochen nicht weichen mag.
Wenn's am Siebenschläfer regnet,	... sind wir sieben Wochen mit Regen gesegnet.
Das Wetter am Siebenschläfertag	... sieben Wochen bleiben mag.

Wie's Wetter am Siebenschläfertag,	... so der Juli werden mag.
Ist der Siebenschläfer nass,	... regnet's ohne Unterlass.
Wenn die Sieben-schläfer Regen kochen,	... dann regnet's ganze sieben Wochen.
Siebenschläfer Regen, ...	... sieben Wochen Regen.
Scheint am Siebenschläfer Sonne,	... gibt es sieben Wochen Wonne.

Das Leben …

ist bunt wie	
ist süß wie	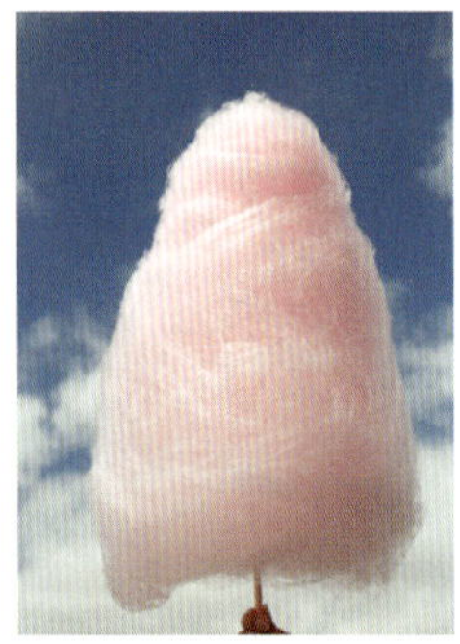
ist schnell wie	
ist gefährlich wie	
ist überraschend wie	

ist geheimnisvoll wie	
geht rauf und runter wie	
spielt viele Töne wie	
ist schwungvoll wie	
bietet Weitblick wie	

An die Türen welcher Kirche schlug Martin Luther seine 95 Thesen an? An die Türen der Schlosskirche zu Wittenberg	Am 31. Oktober erinnern wir uns an den Beginn der Reformation. In welchem Jahr schlug Martin Luther seine Thesen an? Im Jahr 1517
Aus welchem Teig werden Reformationsbrötchen gebacken? Aus Hefeteig	Zu welchen Themen formulierte Martin Luther seine 95 Thesen? a) Ehe und Familie b) Ablass und Buße (Lösung) c) Zinsen und Kaufrecht
Ergänzen Sie die beiden fehlenden Wörter des folgenden Liedtitels. Das Lied hat eine große Bedeutung in der protestantischen Kirche: „Eine feste ... ist unser ...“ „Eine feste Burg ist unser Gott“	Ist der Reformationstag in Bayern ein gesetzlicher Feiertag? Nein (Bayern hat einen größeren katholischen Bevölkerungsanteil)
In welchem Jahr war der Reformationstag einmalig ein gesamtdeutscher Feiertag und warum? Im Jahr 2017 anlässlich des 500. Jahrestages der Reformation	Welcher Komponist gab seiner 5. Sinfonie den Namen „Reformations-Sinfonie“? a) Beethoven b) Haydn c) Mendelssohn Bartholdy (Lösung)
Wie viele Blätter hat die sogenannte Lutherrose? Vier oder fünf Blätter? Fünf Blätter	Welchen Beruf übte Martin Luther aus? a) Mönch und Theologieprofessor (Lösung) b) Bischof und Religionslehrer c) Priester und Musiklehrer